ORIENTACIÓN PARA LOS MIEMBROS DE UNA JUNTA

La guía concisa y completa para
SERVICIOS EN UNA JUNTA SIN FINES DE LUCRO

MICHAEL E. BATTS

El contenido de esta publicación no constituye asesoría profesional legal, financiera, contable, impositiva ni de ningún otro tipo. Para obtener asesoría profesional respecto a la temática que se aborda en el presente documento, se deben solicitar los servicios de un profesional competente.

www.accountabilitypress.com
en colaboración con

www.nonprofitcpa.com

ISBN: 978-1-7341185-2-0 (Print)
ISBN: 978-1-7341185-3-7 (eBooks)

Este libro está dedicado a mi bella y maravillosa esposa, Karen, que ha sido mi seguidora y colaboradora número uno, mi mejor amiga, y la luz de mi vida por más de 28 años. Los logros que he tenido la bendición de alcanzar no hubieran sido posibles sin la providencia de Dios y el increíble apoyo de mi esposa. También agradezco infinitamente el apoyo, el interés, la motivación, la diversión y el humor que nuestros cuatro hermosos hijos, Monica, Michael, Christopher y Clayton, me brindaron durante la creación de este libro. Sin ellos, algunos de los días largos habrían sido mucho más largos y menos placenteros.

Índice

Introducción

Trabajar en la junta de una organización sin fines de lucro puede ser una experiencia altamente gratificante. Y, a menos que haya algo bastante inusual en la organización, el trabajo en la junta no tiene por qué ser complicado. Este libro está dedicado a las personas generosas y ocupadas que aceptan donar su tiempo y talento al servicio de la junta directiva de una organización sin fines de lucro. Las juntas de estas organizaciones muchas veces no brindan una buena orientación a los miembros de las juntas por una serie de motivos. Planificar y llevar a cabo programas de orientación para miembros de juntas directivas insume mucho tiempo y esfuerzo, y con la llegada de cada miembro nuevo hay que volver a empezar. Además, a menos que la junta sin fines de lucro cuente con expertos internos en el campo de la gobernanza de juntas sin fines de lucro, la información que se brinda en las sesiones de orientación correspondientes puede llegar a carecer de precisión, calidad o totalidad. Debido a los desafíos asociados con brindar una orientación de calidad a los miembros de la junta, muchas organizaciones sin fines de lucro lo evitan y dejan que los miembros de la junta "improvisen". Los miembros que son responsables prefieren no improvisar en los asuntos serios relacionados con el servicio en una junta.

¡Alerta de sin sentidos!

Cuando los miembros y los líderes de una junta sin fines de lucro se toman el trabajo de buscar información sobre el mundo de la dirección de una junta de estas características, uno de los lamentables resultados es que la información que reciben, en muchos casos, es incorrecta. Existen muchos proveedores de información falsa o engañosa sobre el entorno del servicio en una junta sin fines de lucro. Un ejemplo perfecto es la muchas veces imprecisa e intimidante afirmación o implicancia según la cual la *Ley Sarbanes- Oxley*, aprobada por el Congreso en el año 2002, aplica a las organizaciones sin fines de lucro de manera similar a la que aplica a las empresas que cotizan en bolsa. (No es cierto. Ese es un ejemplo de información **sin sentido**: *información falsa o engañosa, tonterías o patraña*). Ocasionalmente, a lo largo de este libro inserté **¡Alertas de sin sentidos!** para advertir al lector sobre información errónea que es muy común en torno al tema que nos atañe.

Después de dirigir, prestar servicio y asesoría a juntas sin fines de lucro durante más de 25 años, he llegado a la conclusión de que las juntas sin fines de lucro y sus miembros se verían muy beneficiados con un libro conciso, preciso y comprehensivo acerca del servicio en una junta sin fines de lucro. Para que sea verdaderamente útil, dicho libro debe ser lo suficientemente breve para que un ejecutivo ocupado lo lea con rapidez, tal vez durante un vuelo. (Se han escrito una cantidad libros excelentes sobre la dirección de juntas sin fines de lucro, que abordan la mayoría de los temas más importantes en gran detalle. Muchos de estos libros tienen cientos de páginas. Hay muy pocos miembros de juntas sin fines de lucro con tiempo para leer libros tan largos). El libro también debe abordar con precisión los elementos más importantes del servicio en una junta, por ejemplo, la misión, la responsabilidad, el deber, el riesgo, la obligación y las dinámicas de las reuniones de la junta.

Espero sinceramente que este libro sea la ayuda y el apoyo para algunos de los hombres y mujeres verdaderamente maravillosos que prestan servicios en las juntas de organizaciones sin fines de lucro, porque ese servicio hace una diferencia positiva en las vidas de un sinnúmero de personas, todos los días.

Mike Batts

Cómo usar este libro
para brindar orientación a los
miembros de una junta

El objetivo principal de este libro es facilitar la orientación a los miembros de una junta sin fines de lucro. El proceso de orientación debe abordar estos dos componentes esenciales:

- Información general acerca del mundo del servicio en una junta sin fines de lucro e
- Información específica acerca de los atributos únicos de la organización a la que se está prestando el servicio.

Información general acerca del servicio en una junta
Los capítulos 1 al 9 de este libro están diseñados para brindar a los miembros de la junta un resumen de los aspectos generales del servicio en una junta sin fines de lucro.

Información específica sobre su organización
El Capítulo 10 está diseñado para ayudarlo a completar el proceso de orientación, facilitando la comunicación con los demás miembros de la junta sobre información que es específica a su organización.

¡Un currículum completo!

Cuando siga los pasos que se sugieren en el Capítulo 10, este libro puede servir como un currículum completo para la orientación de un miembro de la junta de su organización.

CAPÍTULO 1

La autoridad y responsabilidad legal de los miembros de una junta

Este libro supone que su organización sin fines de lucro es una corporación, como es el caso de la gran mayoría de estas organizaciones en los Estados Unidos. Sin embargo, los principios básicos aplicarían a las asociaciones sin fines de lucro organizadas como consorcios u otros tipos, menos comunes, de entidad legal.

Las corporaciones sin fines de lucro estadounidenses son entidades legales formadas según las leyes de alguno de los estados de Estados Unidos. La ley de cada estado tiene estatutos específicos que rigen las actividades de estas corporaciones sin fines de lucro. Los estatutos de todos los estados para una corporación sin fines de lucro contienen una versión casi equivalente de lo siguiente:

> Todos los poderes corporativos deben ser ejercidos por o bajo la autoridad de, y todos los asuntos de la corporación administrados bajo la dirección de su junta directiva, sujeta a las limitaciones establecidas en los artículos constitutivos. *(Sección 617.0801, estatutos de Florida)*

Es decir, **la junta directiva de una organización sin fines de lucro tiene la autoridad absoluta y final sobre los asuntos de la organización,** a menos que los artículos constitutivos de la organización limiten, de alguna manera, la autoridad de la junta. (Es posible que exista una limitación de este tipo, por ejemplo, cuando una organización cuenta con miembros que votan y los artículos constitutivos reservan a los miembros el derecho de enmendar estos artículos).

Dada esta autoridad absoluta y final sobre los asuntos de la organización, la junta es, en última instancia, responsable de supervisar y dirigir las actividades de la organización. Su autoridad y responsabilidad aplican a todos los aspectos de las operaciones y actividades de una organización.

Algunas juntas de organizaciones sin fines de lucro actúan como si no notaran o no aceptaran que poseen esta autoridad absoluta y final sobre las actividades de la organización, así como toda la responsabilidad. En cambio actúan como si fueran simples asesores del presidente o director ejecutivo de la organización. La junta tiene autoridad por sobre todo el personal y las actividades de la organización y, por cuestiones legales, debe reconocer ese hecho y obrar en consecuencia. La junta debe estar totalmente comprometida con estas funciones.

Tras algunos de los escándalos financieros, con organizaciones sin fines de lucro en los Estados Unidos, el senador Charles Grassley, antiguo presidente del Comité de Finanzas del Senado de Estados Unidos, expresó una gran frustración porque las juntas de las organizaciones en cuestión parecían no asumir o ejercer su autoridad y responsabilidad como "guardianes" de las organizaciones, en especial en relación a las actividades de los directores ejecutivos.

En un discurso especialmente memorable y mordaz del 19 de marzo de 2007, el senador Grassley denunció al secretario (director ejecutivo) y a la junta de la Smithsonian Institution por hacer abultados gastos, entre ellos:

- Cientos de miles de dólares en renovaciones y decoraciones a la casa del secretario,
- $13 000 en una mesa para conferencias,
- Miles de dólares en un viaje a Las Vegas para el secretario y su esposa, y
- Servicios de limusina con chófer.

Hacia el final de su discurso, Grassley hizo la siguiente declaración para referirse a la manera en la que la junta del Smithsonian se había encargado del asunto cuando todos esos gastos finalmente se hicieron públicos:

"... Me surgen dudas concretas respecto a si la junta dirige al Smithsonian y a su secretario, o si el secretario dirige la junta".

No hay autoridad individual
También es muy importante tener en cuenta que la autoridad o la responsabilidad de la junta directiva existen únicamente como un organismo y no a nivel individual. Los miembros de la junta no tienen autoridad individual para dirigir los asuntos ni las acciones de la organización, a menos que la propia junta, o los documentos legislativos hayan otorgado una autoridad específica para representar a la junta en asuntos específicos.

El deber fiduciario de cada miembro de la junta
Cada miembro de la junta tiene un "deber fiduciario" respecto a la supervisión de las actividades de la organización. El deber

fiduciario de un miembro de la junta incluye el deber de cuidado, el deber de lealtad y el deber de obediencia.

El deber de cuidado

El deber de cuidado requiere que el miembro de la junta obre de buena fe, de la mejor forma que considere para los intereses de la organización y con el cuidado que cualquier persona común y prudente tendría en un puesto y circunstancias similares.

El deber de lealtad

El deber de lealtad exige que el miembro de la junta actúe velando los intereses de la organización y no los propios ni los de sus asociados. Por ejemplo, si un miembro de la junta recibe información sobre una oportunidad de inversión inmobiliaria durante una de las reuniones de la junta sin fines de lucro, no podrá aprovechar personalmente la oportunidad y perjudicar a la organización. El deber de lealtad también exige que el miembro de la junta evite o informe abiertamente posible conflictos de intereses, cumpliendo con las políticas sobre conflictos de intereses de la organización, tal como se describe a continuación. También implica mantener la confidencialidad correspondiente.

El deber de obediencia

El deber de obediencia exige que el miembro de la junta cumpla con las leyes aplicables y actúe en conformidad con los documentos y las políticas que gobiernan la organización.

Conflictos de intereses

Los miembros de la junta que tengan conflictos de intereses con la organización, en lo que respecta a transacciones comerciales, deben tomar la precaución de seguir los procedimientos correspondientes al abordar estas transacciones. Por ejemplo, si un miembro de la junta es dueño de una empresa de construcción que la organización planea contratar para ejecutar un proyecto de construcción, el miembro de la junta tiene un conflicto de interés con la transacción propuesta. Las organizaciones sin fines de lucro deben contar con una buena política para los conflictos de intereses que contemple dichas situaciones exigiendo procedimientos similares a los siguientes:

- El miembro de la junta que se encuentra en un conflicto está excusado de participar en la conversación (salvo las discusiones preliminares para ayudar a otros miembros a entender los hechos) y de votar;
- Los miembros (o el comité) de la junta que no están en conflicto evalúan la información comparativa (como las ofertas de la competencia, valoraciones, etc.) para determinar que los términos de la transacción reflejan el justo valor de mercado para la organización;
- La junta o el comité determina si considera que la transacción representa los intereses de la organización (suponiendo que se determina que los términos representan el justo valor o uno aún mejor); y
- Los miembros de la junta o el comité votan por la transacción y registran la decisión (y los fundamentos para haberla tomado) al mismo tiempo en las actas de la junta o el comité.

En su sitio web, (www.irs.gov), el Servicio de Hacienda publicó un modelo de políticas sobre conflictos de intereses que sirve como una guía útil para que las organizaciones sin fines de lucro desarrollen sus propias políticas.

Resumen ejecutivo

- La junta tiene la autoridad absoluta y final sobre los asuntos de la organización.
- Algunas juntas no asumen o aceptan ese hecho.
- Los miembros de una junta tienen autoridad solo como grupo y no a nivel individual.
- Los miembros de una junta tienen un deber fiduciario que incluye el deber de cuidado, el deber de lealtad y el deber de obediencia.
- La junta debe contar con y hacer cumplir una buena política para conflictos de intereses.

CAPÍTULO 2

La función apropiada de la junta

Si bien la junta tiene la autoridad absoluta sobre y la responsabilidad de supervisar los asuntos de la organización sin fines de lucro, eso no significa, claramente, que la junta deba realizar todas las tareas de la organización. De hecho, la junta no debe participar en absoluto en las tareas operativas de la organización, a menos que se trate de una organización muy pequeña, con muy poco o sin personal.

No harás

Muchos autores, asesores y grupos en Estados Unidos adoptan una variedad de estilos y prácticas de gobierno. Hay muchos recursos excelentes disponibles sobre los mejores estilos de gobierno y "mejores prácticas", según lo determina cada autor. Sin embargo, más allá del estilo de gobierno para una junta, la mayoría de los defensores de cada estilo está de acuerdo en un principio fundamental: **las juntas y sus miembros no deben microadministrar los asuntos de la organización**. Microadministrar es abandonar la mesa de dirección y asumir el rol de la administración. La razón por la que esta restricción es tan importante no tiene nada que ver con la autoridad **real** de la junta. Como ya establecimos claramente, la junta tiene autoridad absoluta sobre todos los asuntos de la organización, por lo tanto, puede asumir el rol que prefiera. Sin embargo, la junta debe abstenerse de participar en las actividades operativas, para garantizar que la organización sea funcional, y no *dis*funcional. La participación de los miembros de la junta en asuntos operativos socava la autoridad del presidente o director ejecutivo de la organización. Cuando la junta contrata a un director ejecutivo para que lidere la organización es necesario que otorgue al director la autoridad para, efectivamente, dirigir la organización, sin interferir. Cuando la junta se inmiscuye en la toma de decisiones cotidiana, el director ejecutivo nunca sabe dónde comienzan ni dónde terminan las líneas de autoridad. Un buen director ejecutivo no toleraría un entorno de trabajo semejante y buscaría huir de allí lo más pronto posible. Por supuesto, cuando los miembros de la junta deciden inmiscuirse en la administración, también pierden de vista las líneas de autoridad. Resulta claro que un arreglo de estas características es disfuncional.

Si deberías

Tal vez esté familiarizado con la sigla en inglés "SOP" para "procedimiento de operación estándar". Esta sigla es un recordatorio útil de las áreas de acción clave por parte de la junta, en una organización bien dirigida: estrategia, supervisión y política.

Estrategia

La junta tiene la responsabilidad de establecer la estrategia general para la organización, es decir, lo que pretende lograr, su misión, función y objetivos. La junta debe expresar estos elementos en un lenguaje claro, empezando por declarar una misión que comunique de forma efectiva aquello que la organización considera su llamado. La declaración de la misión se puede ampliar y mejorar con declaraciones más específicas y/o planes estratégicos desarrollados por la junta y por las castas más altas de la administración.

La estrategia debe incluir un mapeo del plan financiero o presupuesto, para llevar adelante la misión de la organización. El Capítulo 5 está dedicado a la función de la junta con respecto a los asuntos financieros de una organización.

El elemento estratégico en la función de una junta también incluye garantizar que la organización esté dirigida por un director ejecutivo efectivo, capaz de llevar adelante la misión y las funciones de la organización. Se dice a menudo que la función más importante de las juntas sin fines de lucro es contratar y supervisar al director ejecutivo.

Supervisión

La supervisión de la junta implica monitorear y evaluar todos los aspectos de las actividades de la organización, que incluyen, entre otras, las siguientes:

- Garantizar la adhesión a la misión y las funciones de la organización (evitar el "desvío de la misión");
- Evaluar la efectividad con la que la organización lleva adelante su misión y sus funciones;
- Evaluar el desempeño de establecer una compensación para el director ejecutivo e incentivarlo;
- Evaluar el cumplimiento de los documentos que legislan a la organización y el de todas las demás leyes y normas aplicables;
- Evaluar los fondos y la situación financiera de la organización; y
- Garantizar que la organización tiene una gestión de riesgos adecuada.

Cuando la junta identifica alguna deficiencia en cualquiera de las áreas de supervisión, una junta correctamente dirigida toma una de estas dos medidas, o una combinación de ambas: responsabilizar al director ejecutivo o modificar las políticas.

Si la deficiencia está relacionada con la efectividad o adhesión a las estrategias, las políticas o a la ley, la junta solo debe recurrir a una única fuente: el director ejecutivo. La junta debe responsabilizar al director ejecutivo por la efectividad general de la organización en el cumplimiento de su misión o su adhesión a la ley, así como a las estrategias y políticas establecidas por la junta. En una organización bien dirigida, el director ejecutivo y **solo** el director ejecutivo, es responsabilizado por la junta directiva. Una deficiencia ocasionada por otro miembro del personal debe ser abordada por el director ejecutivo o su designado, pero, en última instancia, la junta designa como responsable al director ejecutivo, del modo en el que la ley apuntaría como responsable a la junta. La junta debe ser una fuente de incentivo y apoyo para el director ejecutivo que se desempeña correctamente.

Política

Cuando se identifique una deficiencia relacionada con el contenido de las políticas de la organización, una junta correctamente dirigida tomará medidas prudentes para evaluar y modificar la política, según corresponda. En este contexto, el término políticas hace referencia a cada uno de los elementos de las pautas aprobadas por la junta, que incluyen, entre otras, la declaración de la misión o la función, los artículos constitutivos, estatutos y las políticas aprobadas por la junta. El Capítulo 6 está dedicado al tema de políticas de la junta y a la jerarquía de los documentos legislativos.

La a veces difusa línea entre la función apropiada de la junta y la microadministración

Incluso en las organizaciones bien dirigidas, existen momentos en que la línea entre la supervisión adecuada por parte de la junta y la microadministración disfuncional se torna un poco difusa.

Por ejemplo, supongamos que el eficiente director ejecutivo de una organización decide emprender una nueva estrategia para recaudar fondos abriendo una tienda de segunda mano. No hay nada en las políticas de la organización que prohíba la operación de una tienda de estas características, y tras las debidas diligencias, el director ejecutivo abre la tienda cerca de la sede central de la organización. Si bien, en líneas generales, están satisfechos con el desempeño del director ejecutivo, varios miembros de la junta consideran que la tienda de segunda mano es una vergüenza para la organización, y buscan cerrarla como un elemento de acción de la junta. Como se puede imaginar a partir de este ejemplo, aquí entran en juego una serie de dinámicas importantes, y una de ellas es la comunicación entre el director ejecutivo y la junta. Una junta inteligente que se enfrenta a este dilema, no llamaría la atención a un director ejecutivo, por lo demás excelente, por un asunto inocuo, pero tal vez tampoco pueda ignorar la cuestión operativa. Estas circunstancias ocasionales deben abordarse con sabiduría y cuidado; y en tanto y en cuanto sean, efectivamente, ocasionales, no son una gran causa de preocupación.

Otro caso común en el que la línea puede desdibujarse es durante el proceso de planificación estratégica. Las reuniones de planificación estratégica que incluyen al director ejecutivo y a la junta implican sesiones de lluvias de ideas en las que se aportan ideas para las estrategias, los objetivos, las actividades y otros temas similares de la organización. En la mayoría de los casos, los miembros de la junta que participan en estas discusiones ofrecen al director ejecutivo ideas y sugerencias respecto a los asuntos operativos muchas veces, sobre la marcha. Dichos intercambios son esperados y pueden constituir un proceso de debate saludable, si se realizan de la manera adecuada. Al compartir ideas sobre asuntos operativos, tanto los miembros de la junta como el director ejecutivo deben recordar que los miembros de la junta no poseen autoridad individual y que la junta, en grupo, no tomará medidas en asuntos operativos. En tanto y en cuanto estos debates se administren de forma adecuada, pueden ser de gran utilidad para todos los involucrados, y no son una causa de preocupación.

El papel de la junta en la recaudación de fondos

La recaudación de fondos es una actividad de importancia fundamental para las organizaciones sin fines de lucro que dependen de las donaciones o subsidios como una fuente importante de fondos. Es práctica común entre las organizaciones sin fines de lucro esperar que la junta sea muy activa en el proceso de recaudación de fondos y que los miembros sean también donantes importantes. La participación de los miembros de la junta en las actividades para recaudar fondos puede resultar un aspecto muy positivo de su servicio voluntario para la organización. En una organización de caridad de alto perfil, ser miembro de la junta puede ser una posición de estatus en la comunidad, que se otorga a los principales donantes de la organización. Aquellas organizaciones que siguen esta práctica a veces refieren a sus juntas como "juntas recaudadoras de fondos". En algunas organizaciones, la cultura de mantener una "junta recaudadora de fondos" hace que la junta no asuma o no se enfoque en sus verdaderas responsabilidades legales como cuerpo legislativo de la organización que realmente es. En este tipo de entorno, las reuniones de la junta se pueden convertir en algo más que ocasiones sociales agradables, condimentadas con informes de "bienestar" por parte de la gerencia. Más allá de las expectativas de la organización respecto a la recaudación de fondos por parte de los miembros de la junta, los miembros de una junta sin fines de lucro deben recordar que la principal responsabilidad legal de la junta es gobernar a la organización y supervisar sus actividades. La junta debe estar totalmente comprometida con estas funciones.

Una organización no puede simplemente decidir cambiar la función principal de la junta de un enfoque de supervisión a uno de recaudación de fondos. Si no se entiende este punto fundamental, se genera un entorno que permite que la junta se torne pasiva respecto a sus responsabilidades legales, o bien, que esta quede efectivamente subordinada a la gerencia de la organización. La mayoría de los escándalos financieros que afectan a las organizaciones sin fines de lucro surgen de entornos como el que se describe.

Una organización que actualmente opera con el enfoque de una "junta recaudadora de fondos" y que desea virar hacia el modelo de una verdadera junta directiva, debe considerar la constitución de un comité ad hoc (consulte la descripción de los comités en el Capítulo 3) que recomiende a la junta los cambios necesarios para corregir la situación. El material en este libro puede servir como una herramienta útil para ese proceso de conversión.

Resumen ejecutivo

- La junta no debe microadministrar los asuntos de la organización.
- El verdadero rol de la junta es enfocarse en los asuntos de estrategia, supervisión y políticas.

- Casi indiscutiblemente, la función más importante de la junta es la contratación y supervisión de un director ejecutivo.

- De manera ocasional, la línea entre la función apropiada de una junta y la microadministración inapropiada se puede desdibujar, y tales situaciones deben abordarse con mucho cuidado.

- Las expectativas de los miembros de la junta respecto a las actividades para la recaudación de fondos deben definirse con claridad.

- La junta de una organización no puede eludir su responsabilidad legal y convertirse simplemente en una "junta que recauda fondos", y que carece de la responsabilidad de supervisar a la organización.

CAPÍTULO 3

Comités de una junta

Con frecuencia, las juntas sin fines de lucro usan comités que ayudan a la junta a realizar tareas específicas de su trabajo. Sin embargo, es muy común que las juntas tengan comités o estructuras de comité que no son funcionales. La primaria razón por la que una organización sin fines de lucro puede tener un comité disfuncional es que la propia junta carece de un marco conceptual para evaluar o determinar las necesidades de un comité específico, o sus objetivos.

Cuando hablo en diferentes conferencias y talleres, a nivel nacional, sobre temas relacionados con el gobierno de una junta sin fines de lucro, muchas veces pregunto a los participantes, "¿cuál es la base de su organización para determinar si necesitan un comité que aborde un área específica como finanzas, personal u otra área?" Todavía no obtuve una respuesta clara o coherente a esa pregunta. Las juntas tienden a crear comités permanentes tales como comités financieros, de auditoría y de desarrollo (recaudación de fondos) porque consideran que es lo que corresponde... porque hay otras organizaciones que también los tienen. Algunos establecen un comité de auditoría porque son víctimas de los *sin sentidos* y creen que es una exigencia del Servicio de Hacienda o de la *Ley Sarbanes-Oxley.* (No lo es).

Las juntas sin fines de lucro deberían tener un marco conceptual para determinar si y cuándo necesita la junta un comité. El marco debe considerar la función correcta de la junta, tal como se detalló en el Capítulo 2. El comité de la junta no es un grupo de operaciones. Por ejemplo, el comité que participa en las actividades para la recaudación de fondos, las relaciones públicas o la planificación de eventos no es (o no debería ser) un comité de la junta. Un grupo de esas características es un comité operativo o de actividad, que debe operar bajo la autoridad del director ejecutivo y de la gerencia. Ya que las juntas deben limitar su actividad a las áreas de estrategia, supervisión y política, la actividad de los comités de las juntas debe restringirse a lo propio; de lo contrario, serán disfuncionales.

Estatutos del comité

Ninguna junta debe tener comités sin un estatuto muy claro que establezca los objetivos y las responsabilidades del comité. Sin estatutos claros, es probable que los comités de la junta tengan dificultades para discernir si un problema o una decisión está dentro del alcance de sus responsabilidades o su autoridad. Esta confusión contribuye en gran medida a los gobiernos disfuncionales de las juntas. El estatuto del comité debe estar aprobado por toda la junta.

Autoridad del comité

Los comités de las juntas rara vez tienen algún tipo de poder para actuar en nombre de toda la junta. Lo que es más común es que los comités aborden cuestiones específicas a nivel de la junta, en más detalle de lo que preferiría hacerlo la propia junta, para luego hacerle recomendaciones.

El comité ejecutivo

Una excepción común a esta regla general es el uso de un comité ejecutivo. Muchas organizaciones tienen un comité ejecutivo permanente investido de autoridad para actuar en nombre de toda la junta en ciertas circunstancias. Algunas organizaciones autorizan al comité ejecutivo a actuar en nombre de la junta en reuniones que requieren la presencia de toda la junta, si lo consideran apropiado o expeditivo. Otras, permiten que el comité ejecutivo actúe en nombre de la junta completa en casos de emergencia, y hay otras organizaciones que otorgan al comité autoridad al nivel de la junta para la toma de determinadas decisiones (por ejemplo, establecer compensaciones ejecutivas). La composición del comité ejecutivo varía según la organización, pero muchas organizaciones con comités ejecutivos estipulan en sus estatutos que los funcionarios de la organización constituyan el comité ejecutivo.

La decisión respecto a la necesidad o utilidad del comité, o al nivel de autoridad que debería tener, no puede tomarse a la ligera. Los partidarios de tener un comité ejecutivo mencionan el factor de la expedición y la posibilidad de actuar con rapidez cuando hace falta. Sin embargo, existen riesgos característicos asociados con el uso de un comité ejecutivo. Uno de los riesgos es que el comité ejecutivo se convierta en una junta en miniatura dentro de la junta, lo que a menudo da la impresión de que el comité ejecutivo es el verdadero centro de poder de la junta. Esta idea puede llegar a alienar a los miembros de la junta que no están en el comité ejecutivo, o bien, hacerlos sentir como "miembros de la junta de segunda".

Otro riesgo se puede materializar si el comité ejecutivo toma decisiones a nivel de la junta, que no tienen la aceptación de toda la junta. Esta situación puede generar disenso en la junta.

Otro riesgo asociado con el uso de un comité ejecutivo tiene que ver con autorizar al comité ejecutivo para tomar decisiones que, en realidad, deben tener la aprobación de toda la junta. Un ejemplo clásico de este riesgo se materializa cuando el comité ejecutivo está autorizado a evaluar o determinar la compensación del director ejecutivo. Por las razones que se detallan en el Capítulo 5, siempre es buena idea que toda la junta apruebe y tenga plena conciencia del paquete de compensación del director ejecutivo.

Por último, si se usa y autoriza un comité ejecutivo para que tome las decisiones en nombre de toda la junta, la organización debe verificar con sus asesores legales que las acciones que se autorizan estén permitidas por las leyes estatales. Las leyes de la mayoría de los estados estipulan que solo la junta en su totalidad, y no un comité, tome ciertas medidas importantes.

Cómo aplicar un enfoque "base cero"

Muchas juntas no necesitan ningún tipo de comité. Dependiendo de la competencia de la gerencia y del alcance y la naturaleza de las actividades de la organización, una junta puede operar perfectamente sin un comité. Las organizaciones sin fines de lucro deben adoptar un enfoque "base cero" para el establecimiento de comités, es decir, comenzar con la premisa de que las juntas no necesitan comités y que estos se deben establecer cuando la necesidad está claramente identificada y justificada.

En algunos casos, es posible que se necesite algún tipo específico de comité, según las leyes estatales. (Por ejemplo, las leyes de California y de algunos otros estados exigen que haya un comité de auditoría para ciertos tipos de organizaciones sin fines de lucro, de un tamaño determinado).

Comités permanentes versus comités ad hoc

El comité de una junta puede ser permanente o ad hoc (temporal, según sea necesario). Los comités ad hoc pueden ser muy útiles para ayudar a la junta a evaluar una estrategia o un asunto relacionado con políticas, de un alto nivel de detalle. En vez de intentar que toda la junta aborde el asunto en detalle, con bosquejos y más bosquejos, la junta puede establecer un comité ad hoc para que realice el trabajo detallado y ofrezca las recomendaciones a toda la junta. Si la junta establece un comité ad hoc para tal fin, el comité debe tener estatutos claros y desarmarse una vez terminado el trabajo.

El uso de los riesgos como un criterio para los comités permanentes

La base principal para determinar la necesidad de un comité **permanente** debe estar relacionada con los riesgos. En otras palabras, un comité permanente puede ser útil para cualquier área de supervisión de la junta que esté sujeta a riesgos extraordinarios, y que necesite atención extraordinaria. Al aplicar un enfoque basado en los riesgos para la estructura del comité, la tendencia inicial de la junta podría ser identificar áreas específicas de supervisión tales como finanzas o recursos humanos (RR. HH.) sobre las que se cree pesan tales riesgos, y así se garantiza la atención del comité permanente. Si la organización tiene, efectivamente, un área de riesgo particularmente alto en sus operaciones, que garantice la atención regular del comité de la junta, entonces debe tener uno. Sin embargo, es mi recomendación que la junta adopte una perspectiva más holística respecto a los riesgos y las actividades de la organización al tomar esta determinación. De esta manera, es posible que la junta determine que un único comité de "gestión de riesgos" sea la solución, en vez de comités individuales que aborden áreas de riesgo específicas.

El estatuto de un comité de la junta para la gestión de riesgos puede ser la responsabilidad de supervisar la detección que la organización hace de *todos los* tipos de riesgo, su evaluación y su mitigación. Un enfoque holístico de este tipo permitiría a la junta abordar todo el entorno de operación de la organización y reduciría el riesgo de puntos ciegos en las actividades de supervisión de la junta.

Los comités de junta individuales tienden a acercase a la microadministración de los asuntos operativos, cuando esta es en realidad la responsabilidad de la gerencia. Dado el alcance de sus estatutos, un comité de gestión de riesgos generales puede llegar a tener menos tendencia a la microadministación y debe poder enfocarse más en cuestiones de estrategia y política, que son los asuntos apropiados para la consideración de la junta. El Capítulo 4 aborda en más detalle la función de la junta respecto a la gestión de riesgos.

Resumen ejecutivo

- La junta debe contar con un marco conceptual para determinar si se necesitan comités de una junta y cuándo.
- El comité de una junta no es un grupo de operaciones, sus actividades deben estar limitadas a las cuestiones de estrategia, supervisión y política.
- Todos los comités de una junta deben tener estatutos muy claros.
- Si se utiliza un comité ejecutivo, este requiere una consideración especial.
- Las organizaciones deben adoptar un enfoque base cero para establecer comités de juntas.

- Los comités ad hoc se pueden utilizar para que realicen el trabajo detallado y ofrezcan las recomendaciones a toda la junta.
- El riesgo debe ser el criterio principal para establecer comités permanentes.
- Puede ser más inteligente usar un único comité de gestión de riesgos en lugar de varios comités permanentes.

CAPÍTULO 4

La función de la junta en la gestión de riesgos

Un área clave de responsabilidad de la junta es asegurar que la organización adopte un enfoque adecuado para la gestión de riesgos para la ejecución de sus programas. Si bien la ejecución de actividades de gestión de riesgo es responsabilidad de la gerencia, bajo la autoridad del director ejecutivo, la junta debe evaluar la estrategia de gestión de riesgos de la organización, porque la junta tiene la responsabilidad de supervisión.

Un plan efectivo de gestión de riesgo es el plan holístico, es decir, el que considera todos los riesgos, en todos los aspectos de las actividades de la organización. El plan de gestión de riesgos también debe ser más proactivo que reactivo, es decir, debe identificar los riesgos antes de que se conviertan en un problema, y contemplar las medidas adecuadas para mitigarlos.

Como se describe en el capítulo anterior, es posible que la junta desee establecer un comité permanente para que supervise la estrategia de gestión de riesgos de la organización y para que proporcione informes a toda la junta.

El comité de gestión de riesgos de la junta debe trabajar con el director ejecutivo para garantizar lo siguiente:

- La identificación y evaluación de los riesgos según su probabilidad y gravedad;
- El establecimiento de una prioridad a los riesgos;
- La gerencia debe determinar hasta qué punto se mitigaron los riesgos identificados; y
- La adopción de medidas apropiadas para reducir los riesgos identificados a niveles aceptables.

La reducción de riesgos mediante la implementación de medidas preventivas es, claramente, diferente de proporcionar un seguro para cada riesgo. Además de supervisar la aptitud de la mitigación de riesgos, la junta debe asegurarse de que la organización tiene una cobertura de seguros adecuada respecto a las áreas de riesgo aplicables.

Áreas de riesgo a considerar

Al abordar los riesgos generales de la organización, algunas de las áreas que requieren atención incluyen, entre otras, las siguientes:

- La estructura corporativa (es decir, si las actividades y los bienes de la organización deben estar todos en una entidad legal o tal vez separados, para aislar las obligaciones excesivas);
- Los documentos legislativos (es decir, si los artículos y estatutos constitutivos contienen las disposiciones apropiadas, y si las prácticas de gobierno actuales respetan los documentos vigentes);
- Las políticas y los manuales con las políticas (deben considerarse por las mismas razones que aplican a los documentos legislativos);

- Estado y cumplimiento de exención de impuestos;
- Controles financieros y condición financiera;
- Condición de la cobertura de seguro;
- Recursos humanos (personal);
- Abuso sexual infantil (en el caso de las organizaciones que trabajan con niños, como se describe a continuación);
- Áreas operativas clave;
- Relaciones públicas;
- Seguridad física; y
- Sucesión del liderazgo.

Riesgo de abuso sexual infantil

En el caso de las organizaciones que trabajan con niños, el riesgo de abuso sexual infantil requiere atención especial debido a la gravedad de los daños que podrían devenir. En los últimos años, se han presentado cada vez más reclamos contra las organizaciones sin fines de lucro que trabajan con niños por acoso sexual, real o supuesto. Los reclamos de este tipo pueden ser devastadores, no solo para las víctimas sino también para la organización y sus dirigentes, tanto a nivel de la reputación como a nivel financiero. Muchas diócesis católicas de Estados Unidos se presentaron en bancarrota como medida de protección por causas relacionadas con reclamos por acoso infantil y muchas otras organizaciones experimentaron reclamos mucho más grandes. La junta de una organización sin fines de lucro que trabaja con niños debe evaluar con cuidado la naturaleza de los riesgos y las estrategias de prevención, así como el tipo de cobertura de seguro con el que cuenta la organización. Hay una cantidad de muy buenos recursos disponibles acerca de este tema.

No se espera que los miembros de una junta sean expertos en las varias áreas de riesgo mencionadas anteriormente. En vez de eso, la junta debe garantizar que todas las áreas de riesgo relevantes sean abordadas de manera adecuada por la gerencia, bajo el liderazgo del director ejecutivo. La organización puede recurrir a expertos en varias disciplinas (asesoría legal, asesores impositivos, agentes de seguros, expertos en seguridad física, etc.) para que la ayuden a abordar cada una de las áreas según sea necesario.

Cobertura de seguro

Un aspecto importante de la gestión de riesgos incluye garantizar que la organización cuenta con la cobertura de seguro adecuada para los riesgos más importantes. La evaluación de la cobertura de seguro incluye consultas tanto con el consejo legal como con agentes de seguro experimentados. Los tipos de cobertura a evaluar deberían incluir entre otros, los siguientes:

- Propiedad y accidentes (en caso de incendio, robo, inundación, vandalismo, etc);
- Robo por parte de un empleado;
- Responsabilidad civil general;
- Conducta sexual inapropiada (que incluye abuso sexual infantil en el caso de las organizaciones que trabajan con niños);
- Responsabilidad civil del director y los funcionarios (consulte el Capítulo 7);
- Prácticas laborales (reclamos por discriminación, despido injustificado, acoso sexual y asuntos afines relacionados con las prácticas laborales);
- Responsabilidad fiduciaria (reclamos presentados por los empleados relacionados con la administración de los planes de beneficios, en especial, los planes de jubilación); y
- Seguro de vida o discapacidad de la "persona clave" (para que la organización reciba una remuneración

financiera en caso de muerte o discapacidad de un líder clave. Esta es útil cuando la organización podría verse afectada negativamente si esto sucediera).

Recursos adicionales para el abordaje de la gestión de riesgos
Algunas fuentes adicionales de información que pueden resultar útiles para las organizaciones que abordan la gestión general de riesgos incluyen las siguientes:

Centro para la gestión de riesgos de organizaciones sin fines de lucro (www.nonprofitrisk.org)

Church Law & Tax (www.churchlawandtax.com)

Resumen ejecutivo

- Un plan efectivo para la gestión de riesgos es un plan holístico.
- La junta o el comité de gestión de riesgos debe trabajar con el director ejecutivo para garantizar que los riesgos son identificados, evaluados, priorizados y mitigados de forma adecuada.
- Las organizaciones que trabajan con niños deben prestar especial atención al riesgo de abuso sexual infantil.
- La organización debe contar con expertos en varias disciplinas para que la ayuden cuando sea necesario.
- La cobertura de seguro adecuada es un elemento fundamental para la gestión de riesgos.

CAPÍTULO 5

La función de la junta en asuntos financieros

Para garantizar la sostenibilidad y viabilidad de la organización, la junta debe hacer la supervisión apropiada de sus asuntos financieros. La naturaleza, complejidad y el alcance de los programas y las actividades de la organización dictan el modo en el que la junta ejerce esta supervisión. La junta puede desempeñar esta función de forma directa o puede usar un comité, por ejemplo, un comité financiero para que lo haga. (Consulte el Capítulo 3 para ver más detalles acerca del uso de comités).

Se haga de forma directa o a través de un comité, la supervisión financiera de la junta debe extenderse a los siguientes aspectos:

- Garantizar que la condición financiera de la organización es sólida, y que tiene la capacidad de llevar adelante los programas y las actividades que se propone;
- Adoptar y monitorear el cumplimiento con las políticas financieras correspondientes, según lo establecen los documentos legislativos de la organización;

- Aprobar y monitorear el cumplimiento con el presupuesto operativo de la organización y el presupuesto para gastos de capital para cada año fiscal;
- Establecer y vigilar con atención el cumplimiento de una política bien esbozada sobre conflictos de intereses (como el modelo de política que el Servicio de Hacienda tiene en su sitio web, www.irs.gov), que incluya transacciones entre partes relacionadas de manera que refleje un buen gobierno y el cumplimiento con la ley impositiva federal (consulte el Capítulo 1 para ver más detalles acerca de los conflictos de intereses);
- Garantizar que la organización cuente con los controles internos apropiados y adecuados para las operaciones y actividades financieras;
- Garantizar que cada año se realice una auditoría externa a los estados financieros de la organización (si el tamaño de la organización lo justifica). Esta auditoría debe hacerla una firma de contadores públicos certificados con mucha experiencia en el servicio a organizaciones sin fines de lucro, y garantizar que se abordan todas las cuestiones de riesgo que se identificaron durante las auditorías;
- Garantizar que los auditores o el consejo impositivo de la organización abordan de manera proactiva los asuntos relacionados con cumplimientos impositivos, y que informan sus hallazgos a la junta o al comité por esta designado; y
- Aprobar de manera adecuada el paquete de compensación del director ejecutivo (que incluye todos los beneficios), siguiendo con la asistencia de un buen asesor de impuestos, las pautas impositivas federales, y documentar los fundamentos de la junta para determinar que la compensación establecida no es excesiva.

Algunos comentarios sobre el presupuesto

Para garantizar que una organización tiene la capacidad financiera adecuada para llevar adelante sus actividades y programas, la junta debe asegurarse de que el plan financiero de la organización es sólido. Una gestión financiera sólida incluye el desarrollo y la aprobación de un presupuesto operativo confiable. Muchas organizaciones sin fines de lucro operan bajo la creencia de que generar un poco de ganancia, es decir, un excedente de las ganancias por encima de los gastos, es algo inapropiado. De hecho, en muchas organizaciones, el presupuesto deseado es el "presupuesto equilibrado". Aunque tener un presupuesto equilibrado pueda sonar como un objetivo admirable, esto solo significa que la organización planea incurrir en gastos que sean iguales a sus ingresos, sin margen de error. El término "presupuesto equilibrado" suena atractivo porque ¡todos daríamos nuestro brazo derecho por ver que nuestro gobierno trabaja con un presupuesto equilibrado! Pero esa no es la manera de mejorar la condición financiera de una organización. Además, debido a que un plan de presupuesto equilibrado no da lugar a errores, un factor inesperado en los ingresos podría ocasionar un estrés financiero inmediato a la organización y a sus líderes.

Un mejor enfoque para el presupuesto implica determinar la condición financiera deseada de la organización (liquidez, reservas, niveles de deuda, etc.) y el cronograma deseado para lograrla. Con un plan a largo plazo para mejorar la condición financiera, la organización puede desarrollar presupuestos operativos que no solo sirvan para llevar adelante la misión de la organización, sino que también contemplen los excedentes para contribuir a la condición financiera deseada. Es posible que una organización que no sigue un plan de este tipo necesite reducir el programa u otros gastos para poder implementar la estrategia de generar excedentes responsables.

Contratación de una firma de contadores públicos certificados

Una organización con ingresos de $2 millones o más debe realizar una auditoría anual a sus estados contables, como parte de la conservación de su integridad financiera. Algunos estados, agencias federales de subsidios y otras entidades que otorgan préstamos exigen auditorías a niveles de ingresos más bajos. Al cumplir sus responsabilidades respecto a asuntos financieros, una estrategia muy efectiva es mantener una relación buena y proactiva con una firma de contadores públicos certificados que tenga experiencia en organizaciones sin fines de lucro, tanto en asuntos financieros, como impositivos. Una firma con ese tipo de experiencia puede realizar la auditoría de los estados contables de la organización y, al hacerlo, identificar muchos de los riesgos y las vulnerabilidades que afectan a las organizaciones sin fines de lucro. Un enfoque sólido para abordar la auditoría de los estados financieros y de informar los hallazgos a la junta puede identificar las debilidades, vulnerabilidades, deficiencias u oportunidades importantes que pudiera haber en cada una de las áreas de supervisión financiera antes mencionadas. Las juntas sin fines de lucro (e incluso sus comités financieros) rara vez tienen la capacidad de tiempo, experiencia o la posibilidad de hacer estas evaluaciones por sí mismas. Contratar a una firma de auditoría que no tenga esta experiencia o que no aplique un enfoque sólido para el proceso de auditoría puede arrojar como resultado una auditoría con estados contables bien preparados, pero en la que se pierde la oportunidad de identificar áreas clave de riesgo o cuestiones clave de cumplimiento que necesiten la atención de la junta.

Cómo evitar los escándalos financieros

En las últimas décadas, el sector sin fines de lucro ha estado plagado de una serie de escándalos financieros de alto perfil, tanto a nivel local como nivel nacional. En muchos casos, un escándalo financiero destruye la reputación de la gerencia y la junta de la organización y afecta negativamente los aportes de los donantes. A los escándalos de alto perfil que se informan en los medios, generalmente les siguen inspecciones del Servicio de Hacienda, lo que puede dar como resultado cuantiosas penalidades y multas para los líderes de la organización, si hay abuso de por medio. Ocasionalmente, la consecuencia de estas evaluaciones son juicios penales.

Casi todos los escándalos financieros en las organizaciones sin fines de lucro de Estados Unidos están relacionados con abusos, reales o supuestos, en la compensación ejecutiva, los beneficios ejecutivos, los gastos extravagantes o exagerados, las transacciones comerciales entre partes relacionadas o la manera en las que se gastan los regalos de los donantes para fines específicos.

Entonces, ¿cuáles serían salvaguardas efectivos y simples que podrían aplicar las juntas de las organizaciones sin fines de lucro para garantizar que no acabarán siendo víctimas de escándalos en esas áreas? Para empezar, toda la junta debe tener pleno conocimiento del paquete de compensación total (que incluye beneficios y ventajas) del director ejecutivo de la organización y los miembros de la familia del director ejecutivo. La junta también debe tomar medidas para garantizar que la compensación total sea razonable respecto a lo que organizaciones similares pagan a personas con calificaciones similares, para realizar tareas similares. La junta puede hacer el análisis comparativo por sí misma o mediante un comité autorizado por la junta, por ejemplo, un comité de compensación. (Consulte el Capítulo 3 para ver más detalles acerca del uso de comités). Si la junta emplea un comité con este fin, toda la junta debe estar al tanto de todo el paquete de compensación. Bajo el consejo de un buen asesor impositivo, la junta puede tomar sus propias medidas de "presunción relativa", bajo las leyes impositivas federales, para establecer que el paquete de compensación es razonable. Pagar una compensación excesiva a un ejecutivo sin fines de lucro es una violación de la ley impositiva federal.

De manera similar, la junta puede utilizar una política de conflictos de intereses bien escrita para abordar las transacciones entre partes relacionadas, tal como se describe en el Capítulo 1. Al adoptar y aplicar dicha política, la junta también debe aplicar el buen sentido común.

Si bien la organización puede lograr el mejor precio en artículos de oficina en la empresa del hermano del director ejecutivo, comprar $3 millones de artículos a esa empresa puede no ser muy ético y puede atraer la atención negativa de los medios, como se describirá más adelante.

La junta también debe tener en vigencia un proceso para garantizar que recibirá notificaciones si la organización incurriera en gastos de viaje, comidas, hoteles o actividades similares que pudieran ser vistos como extravagantes o exagerados. Si bien una política puede ser útil en esta área, la comunicación y supervisión simple y efectiva de los gastos en este sector también puede ser de utilidad.

Asimismo, las juntas sin fines de lucro deben tener en vigencia medidas de supervisión apropiadas para garantizar que los regalos de los donantes para fines específicos se gasten según las expectativas del donante. Las políticas básicas y la supervisión de los gastos pueden ayudar a lograr este objetivo.

Un recurso muy útil en esta área es el libro *Donor-Restricted Gifts Simplified* de Dan Busby, disponible en www.ecfa.org o en www.amazon.com. La firma de auditoría de la organización también debe ser una fuente de perspectivas útiles.

Además, exigir que en el temario de todas las reuniones de la junta se incluyan puntos permanentes para discutir temas "delicados" puede reducir de forma notable el riesgo en estas áreas. Por ejemplo, un punto permanente de la agenda puede ser recibir un informe de gastos o actividades en los que haya incurrido la gerencia de la organización, que pudieran ser interpretados por otros como exagerados, extravagantes o que otorgan beneficios personales.

Cuidado con la manipulación mediática!

Seguramente ya escuchó la expresión, "Ninguna buena acción queda impune". Tal vez no haya un entorno en el que un axioma tan cínico sea más cierto que en las organizaciones sin fines de lucro. Una organización puede alimentar a miles de niños en una comunidad azotada por la pobreza, y un periódico puede informar que los adultos quedaron excluidos, o que muchos niños no fueron tenidos en cuenta. Una organización puede recaudar millones de dólares para la investigación de una enfermedad en una cena elegante, y la noticia al respecto puede enfocarse en que las esculturas de hielo del evento costaron $5,000.

Una organización puede participar en una actividad o en un negocio que para la organización tiene sentido desde el punto de vista económico, pero los medios pueden informar esto de un modo que puede hacerlo parecer un abuso. Por ejemplo, si el miembro de una junta sin fines de lucro vende un edificio a la organización por un 20 % menos de su valor estimado (en total cumplimiento con la política de conflicto de intereses y con la ley impositiva federal), los medios pueden llegar a ignorar la parte del descuento de la transacción y solo informar que la organización "le pagó $2 millones a uno de los miembros de la junta en un trato inmobiliario interno".

Yo aconsejo a los clientes que usen la "prueba de la portada" como el filtro para decidir si celebran una transacción que pudiera tener un "giro negativo". Es decir, la junta debe hacerse la pregunta, "¿Podría esta transacción o decisión ser informada en los medios de un modo que podría ser vergonzoso o dañino para la organización o sus líderes?" Si la respuesta es "sí", tal vez sea mejor evitar esta acción.

Resumen ejecutivo

- La junta debe realizar la supervisión apropiada a los asuntos financieros de la organización, ya sea de forma directa o mediante un comité.
- La supervisión financiera debe extenderse a las áreas que se enumera en este capítulo.
- Un "presupuesto equilibrado" tal vez no sea el plan operativo ideal.
- La organización debe determinar su condición financiera ideal y usar el presupuesto como una estrategia para llegar a esta condición.
- Contratar a una firma de contadores públicos certificados con experiencia en el servicio a organizaciones sin fines de lucro, en lo que respecta a asuntos financieros e impositivos, constituye una estrategia muy efectiva para facilitar una administración financiera sólida.

- Una organización puede evitar los escándalos financieros de los tipos que se informan en los medios ejerciendo algunas prácticas de sentido común.
- Los líderes de la organización deben estar atentos a los giros mediáticos relacionados con sus actividades haciendo la "prueba de la portada", para determinar si deben realizar ciertas acciones.

CAPÍTULO 6

Documentos y políticas de gobierno

Si bien las juntas tienen la responsabilidad y autoridad suprema en la supervisión de su organización, las organizaciones bien gobernadas funcionarán con base en la jerarquía de los documentos y las políticas de gobierno. Dichos documentos establecen los parámetros según los cuales gobernará la organización, la junta y la dirección y que son indispensables para la estabilidad.

La jerarquía legal de los documentos y las políticas de gobierno no es materia de opinión ni debate, sino materia de ley. Si hay un conflicto entre dos o más documentos de la jerarquía, el documento del nivel más alto rige por sobre los otros.

La jerarquía de los documentos es la siguiente:

- Ley estatal
- Ley impositiva federal
- Artículos constitutivos
- Estatutos
- Políticas (que adopta la junta)
- Procedimientos (que adopta la gerencia)

Ley estatal

Como se describe en el Capítulo 1, las leyes del estado en el que se constituye la organización establecen la autoridad legal principal dentro de la que debe operar la organización. Todos los estados tienen este tipo de ley. Algunas partes de las leyes estatales para la constitución de organizaciones sin fines de lucro aplican, independientemente de lo que estipulen los artículos o estatutos de constitución de la organización. Por ejemplo, la sección 617.0833 de los estatutos de Florida prohíbe que una organización sin fines de lucro de Florida otorgue préstamos a sus funcionarios, directores y otras partes relacionadas, sin importar si los artículos constitutivos o estatutos de la organización lo permiten.

Otras partes de las leyes de constitución de una organización sin fines de lucro otorgan autoridad respecto a algunos asuntos, pero dependerá de los artículos o estatutos constitutivos de la organización si existieran disposiciones en conflicto. Por ejemplo, la sección 108.15 (b) de la Ley General de Corporaciones No Lucrativas de Illinois establece que: "El acto de la mayoría de los directores presentes en una reunión que exige quórum, será el acto de una junta directiva, a menos que los estatutos o artículos constitutivos exija que el número sea mayor".

Debido a que cada estado tiene leyes únicas respecto al empleo, las solicitudes de caridad y otros asuntos, las organizaciones sin fines de lucro constituidas en un estado, pero que funcionan en otro u otros estados diferentes, deben consultar a sus asesores legales para determinar qué leyes estatales rigen o controlan sus actividades.

Ley impositiva federal

Las organizaciones sin fines de lucro obtienen su estado exento de impuesto mediante la ley impositiva federal, que establece varios criterios para adquirir y mantener ese estado exento. Las organizaciones exentas de pagar impuestos deben tomar la precaución de garantizar el cumplimiento de la ley impositiva federal para no perder esa exención. No está dentro del alcance de este libro brindar un análisis detallado de los requisitos de cumplimiento con las leyes impositivas. Sin embargo, como se describe en el Capítulo 5, la junta debe asegurar que la organización haya contratado asesores impositivos experimentados y competentes para que evalúen de forma proactiva si la organización cumple con las leyes impositivas aplicables.

Artículos constitutivos

Los artículos constitutivos (a los que a menudo se conoce como "estatutos") de una corporación sin fines de lucro son los documentos que le dan vida legal a la organización. Una corporación es una entidad legal que se crea presentando los artículos de incorporación ante la agencia estatal correspondiente. Los artículos constitutivos representan el documento legislativo que ocupa el lugar más alto en la jerarquía de gobierno de la organización. Debido a que el documento legal se presenta ante el estado, las enmiendas a los artículos constitutivos también deben presentarse ante el estado. Los artículos constitutivos de una organización, y las correspondientes enmiendas, son documentos públicos.

Los artículos constitutivos deben contener un número de disposiciones mínimas bajo la ley estatal; por lo general, el nombre y la dirección inicial de la organización, la declaración de la función, una mención respecto a si la organización cuenta con miembros, los nombres de los miembros de la junta inicial, e información de ese estilo. Además, una organización sin fines de lucro que está exenta o planea estar exenta de impuestos federales a las ganancias, por su condición de organización de caridad, religiosa o educativa, como se describe en la Sección 501 (c) (3) del Código del Servicio de Hacienda, debe incluir en sus artículos constitutivos las disposiciones que limitan las actividades de la organización, a aquellas que están permitidas para organizaciones exentas.

Una organización tiene permitido incluir en sus artículos todo el nivel de detalle que desee respecto al gobierno de la organización. Sin embargo, debido a que todas las enmiendas a los artículos deben ser presentadas ante la agencia estatal, es práctica común que el contenido de los artículos sea más bien mínimo y que las estipulaciones de gobierno más detalladas de la organización se incluyan en los estatutos, que son más fáciles de enmendar.

Una organización sin fines de lucro debe tener asesores legales con mucha experiencia en este tipo de organizaciones al momento de redactar los artículos constitutivos originales o cualquier enmienda correspondiente.

Estatutos
Generalmente, los estatutos de una organización incluyen las estipulaciones de gobierno específicas de la organización. Si bien algunas de las organizaciones duplican cierto contenido, como la función, que figura tanto en los estatutos como en los artículos constitutivos, hacer esto aumenta el riesgo de que los dos documentos dejen de estar en sincronía en algún momento, y por eso, esta práctica no se recomienda. Las disposiciones típicas para los estatutos de una organización incluyen, entre otras, los siguientes:

- Las calificaciones de los miembros y el proceso para unirse (en el caso de las organizaciones que tienen miembros);
- Calificaciones para los miembros de la junta y plazos en el puesto;
- Proceso para la selección y remoción de miembros de la junta y para llenar vacantes en la junta;
- Títulos, obligaciones, responsabilidades, elección, remoción y plazos en el puesto del funcionario corporativo;
- Información sobre la realización de reuniones, que incluya los requisitos de quórum y los requisitos de votación (que pueden incluir requisitos de mayoría absoluta de votos en ciertos asuntos);
- Indemnización para los miembros y funcionarios de la junta respecto a responsabilidades que surjan de la ejecución de sus tareas para la organización;
- El año de ejercicio contable de la organización; y
- Los requisitos para enmendar los artículos y estatutos constitutivos.

La organización debe solicitar asesoría legal que tenga mucha experiencia en organizaciones sin fines de lucro para realizar las enmiendas a sus estatutos.

Políticas

La nomenclatura que se usa en el área de "políticas" varía de manera notable en la práctica, por eso vamos a abordarla desde el principio. El término "políticas" puede significar un sinnúmero de cosas, entre ellas, resoluciones de la junta, documentos con políticas aprobados por la junta, documentos aprobados por la gerencia, y muchas cosas más. Algunos hacen la distinción entre "políticas de la junta" y "políticas de la gerencia".

Yo prefiero hacer una distinción entre los documentos de orientación, aprobados por la junta y aquellos aprobados por la gerencia llamando a los documentos que aprueba la junta "políticas" y a los documentos que aprueba la gerencia, "procedimientos". Para estas nomenclaturas no existe un enfoque claro respecto a lo que es correcto o incorrecto, pero es fundamental trazar una distinción entre ambas de alguna manera clara y apropiada.

Por ejemplo, la junta de una agencia de adopción sin fines de lucro puede establecer una política que exija a los potenciales padres que completen una verificación de antecedentes criminales, y que no tengan registros de delitos o crímenes violentos. El director ejecutivo podrá establecer un procedimiento para dar más claridad a la política, solicitando que la verificación de antecedentes tenga alcance nacional y defina los tipos específicos de delitos criminales que no se tolerarán en los potenciales padres. Es importante que se establezca una distinción entre las políticas de la junta y los procedimientos del director ejecutivo de manera que, si este último desea modificar la lista de delitos inaceptables, quede claro que puede hacerlo sin aprobación de la junta, en tanto y en cuanto, el nuevo procedimiento respete las políticas de la junta.

La junta tiene la responsabilidad de adoptar y mantener las políticas que considere necesarias y apropiadas para establecer los parámetros para el funcionamiento adecuado de la organización. No es necesario o aconsejable que las políticas de la junta repitan las estipulaciones que se incluyen en los artículos constitutivos o en los estatutos, porque esto aumenta los riesgos de que los documentos queden fuera de sincronía en algún momento. La junta solo debe adoptar aquellas políticas que son realmente necesarias para el funcionamiento legal y ordenado de la organización.

Procedimientos

Los procedimientos que adopta la gerencia representan un guía para el personal de la organización bajo el liderazgo del director ejecutivo. Los procedimientos que adopte la gerencia nunca deben estar en conflicto con las políticas aprobadas por la junta, ni con los documentos legislativos de la organización (artículos constitutivos y estatutos). De hecho, tales procedimientos deben, generalmente, abordar aspectos específicos para la implementación de las políticas o los documentos legislativos aprobados por la junta.

La importancia de la asesoría legal

La junta debe garantizar que cuenta con asesoría legal con vasta experiencia en organizaciones sin fines de lucro para la revisión de los documentos legislativos y políticas y para que la asesore respecto a su propiedad. Dicha revisión debe realizarse de forma periódica para que refleje los cambios que se realizan a los documentos a lo largo del tiempo, así como los cambios que se producen en el marco legal.

¡Alerta de sin sentidos!

Además de los requisitos de la ley estatal y la ley impositiva federal para que las organizaciones sin fines de lucro incluyan ciertas disposiciones en los artículos y estatutos constitutivos, como una condición para la constitución o exención de impuestos, es infrecuente que haya otros requisitos legales que exijan a las organizaciones sin fines de lucro tener políticas aprobadas por la junta. Circula mucha información incorrecta en esta área (sin sentidos) de gobierno de una junta, y por lo tanto, se genera mucha confusión. Las dos principales fuentes de sin sentidos en esta área son las siguientes:

- Las que establecen o implican que la *Ley Sarbanes-Oxley,* que aplica a las empresas que cotizan en bolsa, aplica de algún modo similar a las organizaciones sin fines de lucro; y
- El Servicio de Hacienda.

Sarbanes-Oxley

Algunas de las confusiones derivan de las declaraciones y supuestos no válidos establecidos en las publicaciones sin fines de lucro u otros medios, según las cuales la Ley *Sarbanes-Oxley,* aprobada por el Congreso para regir los asuntos de las empresas que cotizan en bolsa, de algún modo aplican también a las organizaciones sin fines de lucro. ¡No aplica! Ni antes ni ahora. No obstante, en la comunidad de las organizaciones sin fines de lucro todavía abundan las publicaciones que presentan o establecen lo contrario. Una simple búsqueda en Google del término "sin fines de lucro" junto a "Sarbanes-Oxley" arrojará una grandísima cantidad de "fuentes" sobre el tema, junto con listas interminables de recomendaciones respecto a las políticas que las organizaciones sin fines de lucro "deberían" adoptar.

Es cierto que las dos disposiciones de *Sarbanes-Oxley* aplican a las organizaciones sin fines de lucro, pero el motivo por el que aplican es porque aplican para todos en Estados Unidos. Estas disposiciones tienen que ver con lo siguiente:

1. Represalias contra algún "soplón"; es decir, alguien que informe una actividad ilegal; y
2. La destrucción, modificación o falsificación de documentos que sean sujetos a procesos federales.

Incluso respecto a estas dos disposiciones de la *Ley Sarbanes-Oxley*, no existe un requisito según el cual las organizaciones sin fines de lucro deban tener políticas vigentes. Esta ley simplemente establece que es un delito federal violar las disposiciones respecto a las represalias y la retención de informes.

El Servicio de Hacienda y los requisitos de política

El Servicio de Hacienda es otra de las principales fuentes de increíble confusión respecto a las políticas que se exigen a las organizaciones sin fines de lucro. Tras concluir que el gobierno deficiente de la organización era el motivo que estaba detrás de casi todos los escándalos financieros de alto perfil en torno al sector sin fines de lucro de las últimas décadas, el Servicio de Hacienda decidió, a mediados de la década de 2000, que las organizaciones sin fines de lucro debían ser forzadas a adoptar ciertas políticas y prácticas de gobierno.

En 2008, el Servicio de Hacienda modificó radicalmente el formulario federal de información anual que debían presentar la mayoría de las organizaciones sin fines de lucro (Formulario 990) para que incluyera varias preguntas respecto a si las organizaciones habían adoptado una serie de prácticas y políticas relacionadas con su forma de gobierno. El Servicio de Hacienda agregó esas preguntas al formulario a pesar del hecho de que la ley impositiva federal no incluye requisitos según los que una organización deba adoptar tales prácticas o políticas como una condición para conservar su estado exento.

Como consecuencia, en la actualidad, una organización sin fines de lucro que presenta el Formulario 990 debe responder preguntas de este estilo, en este formulario de gran circulación:

- El número de miembros de la junta de la organización que son "independientes" (el Servicio de Hacienda estableció arbitrariamente su propia definición de independencia con este propósito);
- Si la organización cuenta con una política de conflictos de intereses que rija las transacciones entre la organización y sus miembros;
- Si la organización tiene una política contra represalias;
- Si la organización tiene una política contra la retención de información;
- Si la junta de la organización revisa el Formulario 990 antes de presentarlo al Servicio de Hacienda;
- Si la organización sigue procedimientos bien específicos para el establecimiento de compensaciones ejecutivas;
- Si la organización tiene un política que contemple el reembolso de gastos ejecutivos; y
- Si la organización tiene una política para la aceptación de regalos.

Al agregar estas preguntas al Formulario 990, el Servicio de Hacienda creó, deliberadamente, un entorno de presión entre las organizaciones sin fines de lucro para que adopten políticas y prácticas que les permitan responder "¡Sí!" a todas las preguntas. Responder que "sí" ayuda a las organizaciones a no parecer desobedientes. Muchos asesores del sector sin fines de lucro, y yo también, creemos que responder "no" a estas preguntas puede tener como consecuencia una auditoria del Servicio de Hacienda.

A finales de 2009, el Servicio de Hacienda anunció que iba a instruir a sus inspectores para que hicieran varias preguntas sobre las prácticas de gobierno de la organización en todas inspecciones que se hicieran a las organizaciones sin fines de lucro durante un periodo. Entre los aspectos que los inspectores deben abordar se encuentra el registro de asistencia de cada miembro individual de la junta a las reuniones de la junta. La explicación del Servicio de Hacienda para solicitar esta información durante las inspecciones es que sirve para documentar lo que considera es la correlación entre el mal gobierno de una junta y el incumplimiento con las leyes impositivas federales.

A causa de la presión del Servicio de Hacienda, las organizaciones sin fines de lucro más grandes y respetadas han adoptado prácticas y políticas de los tipos que se solicitan en el Formulario 990. Dichas políticas, si se esbozan con cuidado y de manera apropiada para la organización, pueden resultar útiles, pero no son un requisito para la exención de impuestos.

Familiaridad y cumplimiento con los documentos y las políticas legislativas
Cada miembro de la junta debe leer y estar familiarizado con los artículos constitutivos, estatutos y políticas aprobadas por la junta de la organización. Estos documentos constituyen el marco dentro del cual la junta y la gerencia deben hacer los negocios. La junta debe asegurarse de que la organización opera en cumplimiento de sus documentos y políticas legislativas. El incumplimiento puede dar como resultado un entorno de gobierno desorganizado que puede generar problemas legales importantes a la organización y a sus líderes.

Resumen ejecutivo

- Las organizaciones bien gobernadas operan según una jerarquía de documentos y políticas legislativas con la que debe estar familiarizado cada miembro de la junta.
- Si hubiera un conflicto entre los documentos en la jerarquía, regirá el documento más alto en la jerarquía.

- Es fundamental saber distinguir entre las políticas aprobadas por la junta y los procedimientos aprobados por la gerencia.

- La junta se debe asegurar de que los documentos y las políticas de gobierno de la organización sean revisados por asesores legales altamente calificados.

- La *Ley Sarbanes-Oxley* no exige que las organizaciones sin fines de lucro adopten ninguna política específica.

- El Servicio de Hacienda ha intimidado a las organizaciones sin fines de lucro para que adopten varias políticas de gobierno que no exige la ley.

- El Servicio de Hacienda ha comenzado a evaluar las prácticas de gobierno de las juntas en sus inspecciones a las organizaciones sin fines de lucro.

CAPÍTULO 7

La responsabilidad de los miembros de la junta

El comienzo de este capítulo sobre la responsabilidad de los miembros de la junta presenta una oportunidad ideal para mencionar cuán importante es que las juntas de las organizaciones sin fines de lucro tengan una relación apropiada y proactiva con el consejo legal general. Con demasiada frecuencia, las organizaciones sin fines de lucro solicitan asesoría legal solo como medida reactiva, y solo cuando un asunto se convierte en un problema legal. La junta de una organización sin fines de lucro debe seleccionar un consejo legal general para que la asesore y la represente en su toma de decisiones. El abogado o la firma en cuestión deben tener una reputación excelente en la comunidad y mucha experiencia en el trabajo con organizaciones sin fines de lucro.

Como se mencionó en el Capítulo 6, el consejo legal debe asesorar a la junta respecto a los cambios en los documentos y las políticas legislativas. Asimismo, la organización debe solicitar asesoría para revisar y ayudar a trazar todos los acuerdos contractuales importantes contemplados por la organización, antes de que sean ejecutados.

La junta también debe asegurarse de que la organización tiene en vigencia una estrategia holística y apropiada para la gestión de riesgos, como se describe en el Capítulo 4.

Cuando se mantiene una relación proactiva con el consejo legal, y se tiene en vigencia la estrategia apropiada para la gestión de riesgos, la junta puede reducir de forma sustancial el riesgo de obligaciones inesperadas, para sí misma, y para toda la organización.

¡Alerta de sin sentidos!
Existen muchos mitos y leyendas urbanas que se propagan en las organizaciones sin fines de lucro en torno a la idea de que los miembros de las juntas de estas organizaciones pueden ser juzgados y responsabilizados individualmente por sus acciones o inacciones si no tienen el cuidado suficiente al momento de cumplir con sus obligaciones.

Cierto es, claramente, que cualquier persona en Estados Unidos puede demandar a cualquier otra persona en Estados Unidos por cualquier motivo, en cualquier momento, sin importar los méritos que tenga su caso. Sin embargo, enfrentar los costos y las posibles repercusiones de una demanda frívola y sin fundamentos, es otro tema, y por eso estas demandas no son tan comunes.

Si bien es absolutamente cierto que las organizaciones sin fines de lucro están expuestas a una serie de riesgos y potenciales obligaciones, dependiendo de la naturaleza de sus actividades, es bastante inusual que los miembros de las juntas sean demandados en su carácter individual o responsabilizados por los daños relacionados con sus servicios en una junta sin fines de lucro.

Inmunidad civil

Una de las principales razones por las que los miembros de las juntas sin fines de lucro rara vez son demandados de manera individual es porque las leyes de muchos estados incluyen disposiciones estatutarias que establecen que los miembros voluntarios de las organizaciones sin fines de lucro (y en muchos casos, otros voluntarios) de estas organizaciones no pueden ser responsabilizados individualmente por realizar sus tareas de buena fe. Obviamente, un "escudo" estatutario de este tipo es una fuerza poderosa, que torna prácticamente inútil responsabilizar a los miembros voluntarios de una junta por sus acciones o inacciones.

La importancia del trabajo voluntario en comparación con el trabajo remunerado

Un elemento fundamental de las leyes de inmunidad civil es que aplican únicamente si los miembros de las juntas sin fines de lucro no reciben remuneración. Muy pocas organizaciones sin fines de lucro ofrecen compensación a los miembros de la junta por sus servicios, porque el servicio en una junta de este tipo representa un acto de caridad en y por sí mismo. En el caso de las organizaciones que considerarían pagar a los miembros de una junta, entre las varias cuestiones que deberían contemplar se incluye si la compensación implica que los miembros pierdan inmunidad legal.

Otras maneras en las que se puede perder la inmunidad civil

En el caso de los estados que otorgan inmunidad civil a los miembros voluntarios de una junta, a veces estas leyes incluyen disposiciones que establecen que estos miembros pierden la inmunidad si realizan determinadas acciones. Por ejemplo, la ley de Florida prohíbe que las organizaciones sin fines de lucro de Florida otorguen préstamos a sus funcionarios o directores, o ciertas partes relacionadas con ellas. Se puede decir que la ley implica que violar la disposición de los préstamos hará que los miembros pierdan la inmunidad civil con la que cuentan por ley.

Las juntas sin fines de lucro deben solicitar que sus consultores legales presten asesoría respecto a si las leyes estatales aplicables ofrecen inmunidad civil a los miembros de las juntas, o a otras personas que trabajan en la organización. El consejo legal también debe asesorar a la junta respecto a todas las condiciones para conservar la inmunidad, para que la junta pueda regirse por estos parámetros.

Indemnización de los miembros de una junta

A pesar de que las leyes estatales ofrecen cierta inmunidad a los miembros, las organizaciones sin fines de lucro suelen aceptar indemnizar (cubrir los costos de las demandas presentadas contra alguien) a los miembros y funcionarios de las juntas cuando están llevando a cabo sus deberes oficiales. Las organizaciones dispuestas a ofrecer este tipo de indemnización, por lo general incluyen disposiciones de ese tipo en los estatutos de la organización. Como parte de las tareas de revisión de los estatutos que realiza el consejo legal, este debe abordar de forma específica si la disposición de indemnización establece de manera adecuada y específica el grado de protección deseado.

Seguro de responsabilidad civil del director y el funcionario

Además de las capas de protección que se describen anteriormente en este capítulo, las juntas sin fines de lucro insisten en que la organización cuente con una póliza de seguro que cubra apropiadamente las potenciales obligaciones de los miembros de junta en caso de demanda. Como reconocimos antes, cualquier persona puede demandar a otra, en cualquier momento y por cualquier motivo, sin importar si la causa tiene méritos. Ante una demanda, los miembros de una junta deben saber, no solo que la organización ha decidido indemnizarlos, sino también, que existen los fondos adecuados para hacerlo. Esta es la función del seguro de responsabilidad civil del director y funcionario (D&O). La junta debe determinar el nivel de cobertura (límites de cobertura) que considere adecuado y seleccionar una compañía de seguros (empresa) con una reputación intachable y una fuerte posición financiera. El consejo legal de la junta debe revisar la póliza de seguro y asesorar a la junta respecto a exclusiones de cobertura importantes que pudieran existir en la póliza, así como otros aspectos relevantes de la póliza. Muchas personas que conocen el mundo del servicio en las juntas sin fines de lucro se rehusarán a trabajar para una junta que no tenga la cobertura adecuada para directores y funcionarios (y yo también). Dada la importancia de dicha cobertura para los miembros de la junta, las organizaciones sin fines de lucro deberían formalizar el acto de otorgar a los miembros de la junta una copia de la póliza de seguro para directores y funcionarios cada vez que se renueva, cada año, así como el calendario de la junta debería incluir un recordatorio al respecto.

Resumen ejecutivo

- Si existe la combinación de obrar de buena fe, solicitar asesoría legal de manera proactiva, contar con una estrategia apropiada para la gestión de riesgos, hacer valer las disposiciones de inmunidad civil que pudiera otorgar la ley estatal, establecer en los estatutos que la organización otorga indemnización y mantener la cobertura adecuada para directores y funcionarios, la junta de la organización debería estar tranquila respecto a su nivel de riesgo general.

- Es bastante inusual que los miembros de la junta sean demandados a título personal o que se los haga responsables de los daños relacionados con su servicio en las juntas sin fines de lucro.

CAPÍTULO 8

Entender, evaluar y proteger la misión

Todas las organizaciones sin fines de lucro deberían tener una declaración clara que describa su misión o función. A esta declaración se la conoce comúnmente como la "declaración de misión" o "declaración de función". En este libro no intentaré abordar la distinción entre establecer la misión de una organización y establecer su función. Hay mucha gente a la que le apasiona esta distinción. Yo no soy uno de ellos, y haré referencia a estas dos declaraciones como "declaración de misión" de aquí en adelante. Una organización necesita una declaración de misión: una que ayude a la junta y los líderes a conocer de qué se trata la organización, lo que busca lograr. Sin una declaración de misión clara, ¿cómo determina la junta si la organización debe implementar una estrategia en particular o no? O bien, ¿cómo determina la junta si las actividades que realiza una organización se están realizando "dentro de la misión" o no?

La amplitud o restricción de la declaración de misión debe ser el factor determinante respecto a la naturaleza y el alcance del trabajo de la organización. Para esto sirve un grado apropiado de especificidad. Por ejemplo, una organización cuyo llamado a la acción es hacer una diferencia en la vida de las personas jóvenes de una comunidad, podría bosquejar su declaración de misión de varias maneras.

Este sería un ejemplo de una declaración de misión relativamente amplia:

> *Light & Hope existe para marcar una diferencia positiva en la vida de las personas jóvenes del área de Central Heights.*

Si bien la declaración de misión tiene cierta especificidad geográfica, los términos "hacer una diferencia positiva" y "personas jóvenes" son relativamente amplios y podrían significar muchas cosas.

Un ejemplo de una misión redactada de forma más específica sería el siguiente:

> *Light & Hope existe para marcar una diferencia positiva en la vida de los niños de hasta 17 años del área de Central Heights, mediante la oferta de excelentes actividades extracurriculares, cuyo objetivo es la mejora en la escuela, el desarrollo del carácter, la recreación saludable y la nutrición.*

Esta declaración de misión, un poco más específica, ofrece mucha más claridad al liderazgo de la organización respecto a la naturaleza y el alcance de sus actividades.

La junta y la protección de la misión

La junta debe ser la "dueña" de la misión de la organización, lo que significa que debe entenderla, creer en ella, promoverla y protegerla. Si hay que modificar la declaración de la misión para que sea lo suficientemente clara o se acerque más al llamado de la organización, la junta debe modificarla de manera acorde. Cuando se ha definido la misión de la organización de forma clara, todos los miembros de la junta deben creerla y apoyarla completamente. Aquellos que no puedan hacerlo, no deberían trabajar en la junta, porque podrían representar una amenaza a la organización y su misión.

Promover la misión significa asegurarse de que la organización lleva adelante programas y actividades efectivos que los ayudan a cumplir la misión. Una responsabilidad clave de la junta es evaluar la efectividad con la que se está desarrollando la misión y responsabilizar al director ejecutivo o el funcionario más alto de la gerencia.

Cómo evitar una "desviación de la misión" o un "agrandamiento de la misión"

Proteger la misión de la organización no significa permitir que la organización o sus líderes realicen actividades o programas fuera del alcance de la misión de la organización. Realizar programas o actividades que no están contemplados por la misión se conoce como una "desviación de la misión" o un "agrandamiento de la misión". La gerencia o la junta de la organización pueden tener grandes ideas para iniciativas que valen la pena, pero que están fuera de la misión de la organización. Por ejemplo, la gerencia de Light & Hope (la organización ficticia a la que nos referimos antes) puede tener la idea de enseñar a los adultos del área Central Heights a leer y escribir. Si bien enseñar a los adultos a leer y escribir es, sin duda, una actividad noble, no entra en la misión declarada para la organización. Las organizaciones sin fines de lucro cuentan con recursos limitados, que deben ser distribuidos entre sus varios programas y actividades.

El uso de esos recursos limitados para actividades fuera de la misión tendrá un efecto negativo en la efectividad de las actividades relacionadas con la misión de la organización. Proteger la misión de una organización requiere disciplina y enfoque, y a veces, puede ser muy poco grato. Cuando la junta informa a la gerencia que no aprueba o apoya el programa de alfabetización para adultos que propuso la gerencia, pueden surgir sentimientos encontrados en la dinámica de las personas y las circunstancias. Una junta que debate con frecuencia y que recuerda de manera proactiva, a sí misma y a la gerencia, la necesidad de no desviarse de la misión, tiene muchas menos posibilidades de encontrar estos inconvenientes en el camino.

La diferencia entre prevenir "desvíos en la misión" o "agrandamientos en la misión", y preservar la misión *original*
Muchas de las organizaciones sin fines de lucro más antiguas comenzaron con una misión o función más específica, que es casi irreconocible en la organización que es hoy. Por ejemplo, YMCA fue fundada originalmente por un joven de 22 años, George Williams, en 1844, en una Londres industrializada. Según la organización, el señor Williams "reunió a 11 amigos para establecer la primera Organización Cristiana de Hombres Jóvenes (YMCA), un refugio de estudios bíblicos y oración para hombres jóvenes que buscaban huir de los peligros de la vida en las calles". Poca gente asociaría hoy los programas y las actividades de esta organización, ya sea con "hombres jóvenes" o con "estudios bíblicos y oración".

Una cuestión muy importante para una junta sin fines de lucro es hasta qué punto debe intentar preservar su misión *original;* es decir, la misión que los fundadores le asignaron a la organización. Con el tiempo, los contextos culturales cambian y, muchas veces, las juntas se enfrentan con la decisión de modificar la misión *original*. En algunos casos, la respuesta puede estar muy clara. Por ejemplo, una organización constituida para ayudar a personas en Estados Unidos que sufren de polio sería casi irrelevante en la actualidad, gracias a la casi erradicación de la enfermedad. En otros casos, la decisión puede ser más difícil. Una organización que se fundó para ayudar a disminuir la pobreza en una comunidad es testigo de cómo mejora la economía en una comunidad, mientras el área vecina se deteriora. ¿Debe la organización cambiar su misión para ayudar a las áreas vecinas, o debe seguir enfocada en las pocas víctimas de la pobreza que quedan en su comunidad? A menos que los fundadores fueran claros al expresar las intenciones originales acerca de esa posibilidad, la junta debe tomar esa decisión según lo que crea más conveniente.

Las juntas que desean preservar la misión *original* de la organización deben tomar medidas afirmativas para hacerlo mientras la junta esté constituida por personas que apoyan la idea. De lo contrario, las futuras juntas pueden tomar esa misión y desviarla de maneras que los fundadores originales jamás hubieran imaginado. Existen una serie de maneras para reducir el riesgo de que las juntas futuras cambien la misión de la organización, y el consejo legal puede asesorar a la junta sobre sus opciones.

Resumen ejecutivo

- Todas las organizaciones sin fines de lucro deberían tener una declaración clara que describa su misión o propósito.
- La junta debe "adueñarse" de la misión de la organización.
- Una responsabilidad clave de la junta es evaluar la efectividad con la que se está desarrollando la misión y responsabilizar al director ejecutivo.

- Proteger la misión de una organización requiere disciplina y enfoque, y a veces, puede ser muy poco grato.
- Las juntas que desean preservar la misión *original* de la organización deben tomar medidas afirmativas para hacerlo mientras la junta esté constituida por personas que apoyan la idea.

CAPÍTULO 9

Dinámica de las reuniones de la junta

Cada organización sin fines de lucro tiene su propia cultura que afecta las dinámicas de sus reuniones invariablemente. Algunas adoptan un enfoque más formal para las reuniones de la junta y otras son más bien informales. En tanto los negocios de la junta se realicen de manera que se respeten los documentos y las políticas de gobierno de la junta, el grado de formalidad con la que se celebren las reuniones tiene poca importancia.

Sin embargo, todas las juntas podrían beneficiarse si consideran ciertos principios y algunas prácticas que ayudan a mantener un gobierno más efectivo y reuniones más ordenadas y eficientes.

Procedimiento parlamentario

Algunas juntas intentan mantener una versión de procedimiento parlamentario, citando con frecuencia a las Reglas de Orden de Robert, como la fuente de autoridad. Sin embargo, la realidad es que muy pocas organizaciones siguen con exactitud las Reglas de Robert. Por ejemplo, estas reglas exigen que se plantee una moción y que esta sea secundada antes de continuar una discusión. La mayoría de las juntas hacen exactamente al revés. Tienen largas discusiones sobre una propuesta seguido por una moción, secundo y luego votan la moción. El grado hasta el que una organización pretenda seguir el procedimiento parlamentario dependerá de la junta de la organización. La mayoría de las organizaciones funcionan bastante bien usando una versión relajada del procedimiento parlamentario. A veces, cuando un tema en particular se torna complejo o hay varias opiniones para una acción que se propuso, es posible que haya que apegarse al procedimiento parlamentario, para mantener el orden. Hay una serie de buenas publicaciones disponibles sobre el tema de procedimiento parlamentario, que incluyen algunas que fueron modernizadas y otras, resumidas.

Asistencia

Los miembros de la junta deben planificar asistir a todas las reuniones de la junta de la organización. El servicio a una junta exige compromiso. Un nivel importante de participación y la asistencia a las reuniones es un elemento fundamental de participación responsable. Un individuo que no pueda asistir a las reuniones con regularidad no debería aceptar el servicio a la junta, porque entonces la junta no disfrutaría del beneficio total de su experiencia en la toma de decisiones. Muchas juntas sin fines de lucro tienen, en sus estatutos, disposiciones o políticas que exigen un mínimo nivel de asistencia y establecen que los miembros de la junta que falten a las reuniones con frecuencia deben ser retirados de su posición.

Preparación para las reuniones de la junta

El director ejecutivo y presidente de una organización bien gobernada enviará a los miembros de la junta un paquete con información sobre las próximas reuniones de la junta, entre siete y diez días antes de la reunión. Este paquete debe incluir una copia con el temario, información sobre los principales temas que se considerarán, copias del informe del director ejecutivo y cualquier otro informe departamental o información de referencia que pudiera ayudar a los miembros a estar mejor preparados para debatir. Los miembros de la junta deben tomarse el tiempo de leer atentamente la información antes de la reunión, para no perder tiempo en la reunión por dar información de contexto. No estar preparado para una reunión de junta reduce la eficiencia de la reunión y genera frustración entre los miembros que sí están preparados.

La función del presidente

El presidente de la junta (hombre o mujer) tiene la función más importante: definir las dinámicas de la reunión de la junta. Los presidentes muy efectivos pueden llevar la junta de la organización a la excelencia, y los que no lo son, pueden generar, involuntariamente, disfunciones importantes en la sala de reuniones. El presidente debe moderar la reunión y establecer un tono amable que transmita orden y respeto. Una tarea fundamental del presidente es establecer el temario de la reunión, en colaboración con el director ejecutivo. El temario debe estar bien planificado y, antes de la junta, deben estar claramente identificados y expresados, por escrito, todos los asuntos que se espera proponer a la junta para su accionar. Por ejemplo, en vez de esperar que el director ejecutivo proponga informalmente una nueva política en la reunión de la junta, el contenido de la política que se proponga debe estar preparado antes de la reunión, junto con alguna identificación de la ubicación exacta en el manual de políticas de la organización en la que se agregará esta nueva política. La propuesta para la adopción de la nueva política se debe bosquejar y presentar en la reunión. Esta planificación hace que la consideración que la junta haga del asunto sea mucho más eficiente, y se elimina la necesidad de que la junta elabore mociones detalladas sobre la marcha.

El presidente también debe insistir en la adhesión al temario y en restringir las discusiones y los debates a los asuntos pertinentes a la propuesta o moción que se está considerando. Se puede perder una increíble cantidad de tiempo en las reuniones de la junta cuando se permite a los miembros de la junta divagar o tener discusiones irrelevantes.

El presidente también debe asegurarse de que se escuchen las opiniones de todos los miembros de la junta interesados respecto de los asuntos importantes que se están considerando. Si la discusión está siendo dominada por un pequeño número de miembros, el presidente debe solicitar la opinión de otras personas sobre el asunto. El presidente debe solicitar a los individuos, por su nombre, que compartan su parecer cuando no se hayan expresado acerca de un tema importante.

El presidente debe respetar las opiniones de todos los miembros de la junta, incluso cuando sean diferentes a la suya. El presidente también debe exigir a los miembros de la junta que respeten las opiniones de los demás. Los debates apasionados sobre un asunto son muy provechosos, en tanto y en cuanto las partes que debaten mantengan las formas y el sano respeto por los demás. Muchas veces me encontré a mí mismo debatiendo acaloradamente a favor de una opinión en particular, hasta descubrirme persuadido de apoyar la opinión opuesta, tras escuchar los argumentos a favor de esa opinión. Lo mejor que le puede pasar a una junta sin fines de lucro es que todos sus miembros participen y que todos persigan el mejor resultado para la organización, sin importar dónde haya surgido la idea. Algunos de mis mejores recuerdos relacionados con reuniones de una junta son los que incluyen "debates acalorados" seguidos por conclusiones positivas y risas después del voto.

Asimismo, los miembros de la junta deben recordar que, independientemente de que hubiera habido acuerdo sobre un tema antes del voto, cuando la junta emite su voto sobre un tema, los miembros deben prestar apoyo unificado a las acciones y políticas de la junta. Si un miembro no puede brindar ese tipo de apoyo, debería renunciar a la junta.

Discusiones "difíciles"

Para cumplir con sus responsabilidades correctamente, los miembros de la junta deben, en ocasiones, tener discusiones difíciles en la sala de reuniones. Algunas veces, deben hacer preguntas difíciles que pueden incomodar a las demás personas en la sala. Por ejemplo, si un miembro tiene un motivo para sospechar que la transacción que se está considerando podría estar violando la política de conflictos de intereses de la organización, este miembro debe decirlo y hacer las preguntas pertinentes durante las deliberaciones. Del mismo modo, si a un miembro de la junta le preocupa la integridad de los materiales para recaudación de fondos que está divulgando la organización, este miembro debe abordar esa preocupación en el momento apropiado. Los momentos en los que los miembros de una junta tienen preocupaciones de este tipo suelen ser las encrucijadas que determinan si la organización toma el camino ético o el otro camino en su toma de decisiones. No hay margen para ignorar las cuestiones que exigen la atención de la junta, no importa cuán difícil, incómodo o contenciosas puedan ser.

Existen ciertas estrategias para reducir el nivel de incomodidad en la sala de reuniones al tratar estos asuntos. Una organización con una buena cultura para hacer preguntas difíciles de manera regular y proactiva tendrá muchas menos dificultades para plantearlas. Otra estrategia útil es la de tener temas permanentes en el temario, que se coloquen automáticamente en la agenda para su consideración por parte de la junta, sin que ningún miembro tenga que mencionarlos. Dichos temas permanentes podrían incluir, por ejemplo, los siguientes:

- Una consideración anual sobre cuán razonable es el paquete de compensación del director ejecutivo;
- Una revisión anual de los gastos de viaje, comida y alojamiento del director ejecutivo;
- Discusiones sobre los detalles de todas las transacciones entre partes relacionadas; y
- Informes de la gerencia sobre gastos en los que incurriera la organización, que pudieran poner a la organización en una posición vulnerable a las críticas, o que muchos pudieran considerar exagerados o extravagantes.

Si se identifican los temas que pudieran ser incómodos y se los convierte en parte del temario permanente, los miembros de la junta pueden tener sus discusiones con más comodidad, mantener una cultura abierta y saludable y reducir los riesgos de la organización.

Acta de la reunión

Un miembro de la reunión, por lo general el secretario corporativo o su designado, tiene la responsabilidad de confeccionar el acta oficial de la reunión. El acta constituye el registro legal, oficial de las acciones de la junta, que tienen lugar durante las reuniones de la junta. La junta debe recibir asesoría del consejo legal de la organización respecto al contenido y al formato apropiado del acta. La mayoría de los abogados recomienda que los detalles se mantenga al mínimo. Por lo general, el acta debe incluir la siguiente información:

- Fecha y hora de inicio;
- Lista de los miembros de la junta presentes y ausentes;
- Lista de invitados presentes;
- Llamado a la orden;
- Confirmación de que hay quórum;
- Una declaración que refleje todos los informes que se presentan a la junta (por ejemplo, el informe del director ejecutivo), que incluye una descripción general del tema y las conclusiones, sin detalles del informe;
- Para cada moción que se presenta para consideración de la junta, incluir un registro de lo siguiente:
  - Las palabras exactas de la moción,
  - quién presentó la moción,
  - quién secundó la moción (si se necesitaba alguien que la secunde),
  - el hecho de que hubo una discusión sobre el asunto (si la hubo), incluyendo la naturaleza general de la discusión, pero no los detalles, y
  - si la moción fue aprobada o rechazada;
- Referencia sobre los documentos que forman parte de las actas, derivados de la aprobación de una moción u otras acciones de la junta; y
- La hora de cierre de la reunión.

Confidencialidad

La junta debe tener y hacer cumplir una política de confidencialidad respecto a los asuntos de los que toma conocimiento, y los miembros deben asumir que *todo* es confidencial. La confidencialidad es un asunto serio e incumplirla puede tener consecuencias graves. Algunos temas de discusión son de naturaleza muy sensible y la confidencialidad respecto a esos temas es natural para la mayoría de los miembros. Algunos ejemplos incluyen discusiones sobre el desempeño del director ejecutivo, la salud de un empleado clave y un posible litigio, por mencionar solo algunos. No obstante, un tema no tiene que parecer sensible, para merecer confidencialidad.

Hay algunas muy buenas razones para tratar *todos* los temas que se discuten como confidenciales. Por ejemplo, supongamos que la junta discute posibles recortes de presupuesto a uno de sus programas. Filtrar información sobre ese tema podría tener un efecto negativo en la moral de los empleados o la percepción de los donantes, y esto podría derivar en consecuencias inesperadas. Las comunicaciones que se mantienen fuera de la sala de reuniones respecto a cualquier discusión o decisión de la junta deben estar relacionadas únicamente con comunicaciones oficiales emitidas por el vocero oficial de la junta. En la mayoría de los casos, esta persona es el director ejecutivo.

Incentivo mutuo

Las discusiones y los debates en las reuniones de la junta pueden ser desafiantes y agotadores incluso cuando todas las partes involucradas observan una conducta civil y respetuosa respecto a los demás. Los miembros de la junta deben recordar también que las propuestas que llegan a sus manos para consideración han insumido mucha preparación y consideración de la gerencia y otros miembros de la junta, que pretenden lo mejor para la organización. Cuando estas propuestas no reciben los votos necesarios o son rechazadas durante las discusiones y los debates, el efecto puede ser el desánimo de aquellos que las prepararon. Los miembros de la junta pueden fomentar un entorno positivo e incentivar a la gerencia y a los demás miembros de la junta brindando un reconocimiento genuino a los esfuerzos invertidos en el desarrollo de las propuestas, y a las características positivas de estas propuestas, reciban o no la aprobación de la junta.

Pocos logros en la vida son más gratificantes que el trabajo voluntario en conjunto en un entorno de incentivo para hacer una diferencia en la vida de las personas. El servicio en una junta sin fines de lucro es un gran privilegio. Dios los bendiga en sus esfuerzos.

Resumen ejecutivo

* En tanto los negocios de la junta se realicen de manera que se respeten los documentos y las políticas de gobierno de la junta, el grado de formalidad con la que se celebren las reuniones tiene poca importancia.
* Los miembros de la junta deben planificar asistir a todas las reuniones de la junta de la organización.
* El presidente de la junta tiene la función fundamental de definir la dinámica de las reuniones de la junta.
* No hay margen para ignorar las cuestiones que exigen la atención de la junta, no importa cuán difícil, incómodo o contenciosas puedan ser.
* La junta debe tener y hacer cumplir una política de confidencialidad respecto a los temas sobre los que toma conocimiento.
* Los miembros de la junta pueden fomentar un entorno positivo e incentivar a la gerencia y a los demás miembros de la junta brindando un reconocimiento genuino a los esfuerzos invertidos en el desarrollo de las propuestas, y a las características positivas de estas propuestas, reciban o no la aprobación de la junta.

CAPÍTULO 10

Cómo completar el proceso de orientación brindando información específica de la organización a los miembros de la junta

El proceso de orientación para los miembros de su junta debe abordar estos dos componentes esenciales:

- Información general acerca del mundo del servicio en una junta sin fines de lucro, e
- Información específica acerca de los atributos únicos de la organización.

El proceso de orientación
para los miembros de la junta

Paso 1

Solicite a los miembros que lean los Capítulos 1 al 9 de este libro. Los capítulos 1 al 9 de este libro están diseñados para brindar a los miembros de la junta un resumen de los aspectos generales del servicio en una junta sin fines de lucro.

Paso 2

Entregue a los miembros copias de los **documentos y políticas legislativos, y otros documentos importantes de su organización** de los tipos que se incluyen en la siguiente página, y solicite a cada miembro de la junta que los revise.

Paso 3

Llame a los miembros de la junta a una reunión en la que se hablará de las **Preguntas de discusión** en las próximas páginas, que aplican a su organización.

Paso 4

¡Ha completado su proceso de orientación!

Documentos legislativos, políticasy otros documentos importantes

1. Artículos constitutivos (versión actual, según enmienda)

2. Estatutos (versión actual, según enmienda)

3. Declaración de misión o función

4. Estatutos de todos los comités de la junta (si corresponde)

5. Políticas aprobadas por la junta o manuales de políticas

6. Póliza de seguro de responsabilidad civil del director y el funcionario

7. Estados contables auditados más recientes de la organización e informes de los auditores respecto a las debilidades, riesgos o asuntos de cumplimiento más importantes

8. Formulario 990 más reciente presentado ante el Servicio de Hacienda (si corresponde)

9. Informe anual más reciente (si corresponde)

10. Breve historia de la organización e información actual que describa o promueva los programas y las actividades de la organización

11. Actas de las reuniones más recientes de la junta

12. Lista de los miembros y funcionarios más actuales de la junta

Preguntas de discusión

(Cuando corresponda, en vez de proporcionar una respuesta detallada para las preguntas a continuación, solo indique la referencia a las disposiciones aplicables de los documentos o políticas legislativas mencionados anteriormente).

1. ¿En qué estado se formó o constituyó la organización?

2. ¿Cuándo se formó o constituyó la organización?

3. ¿Cuál es la misión declarada de la organización? [*Consulte el Capítulo 8 para obtener información sobre este tema*].

4. ¿Cumplen las actividades actuales de la organización con la declaración de misión? [*Consulte el Capítulo 8 para obtener información sobre este tema*].

5. ¿Opera la organización según sus artículos y estatutos constitutivos y según las políticas de la junta? [*Consulte el Capítulo 6 para obtener información sobre este tema*].

6. ¿Cuenta la organización con miembros que votan para elegir a la junta?

 a. En caso de que la respuesta sea sí:

 i. ¿Qué otros derechos y autoridades tienen los miembros?

 ii. ¿Es obligatoria la aprobación de los miembros para los cambios a los artículos o estatutos constitutivos?

 b. Si la organización **no** cuenta con miembros que votan:

 i. ¿Cómo se elige o designa la junta?

 ii. ¿Quién tiene la autoridad para enmendar los artículos o estatutos constitutivos?

7. ¿Cuáles son los plazos de mandato de los miembros de la junta?

8. ¿Hay plazos para los miembros de la junta? Si los hay, ¿cuáles son?

9. ¿Con qué frecuencia se realizan las reuniones de la junta?

10. ¿Cuánto duran generalmente las reuniones de la junta?

11. ¿Qué exigen los estatutos respecto al quórum en una reunión de la junta?

12. ¿Qué tipos de acciones de la junta (si existen) necesitan la mayoría absoluta de votos (aprobación de más de la mayoría), y qué porcentaje de los miembros deben aprobar cada una?

a. En el caso de las acciones que necesitan mayoría absoluta, ¿estipula este requisito que el voto de los que aprueban el asunto deba incluir lo siguiente? 1) un porcentaje de miembros de la junta presentes, o 2) porcentaje de miembros de la junta en funciones en ese momento.

13. ¿Qué tipos de comité de la junta existen y cuáles son sus funciones? [*Consulte el Capítulo 3 para obtener información sobre este tema*].

14. ¿Cuáles son las expectativas de los miembros de la junta entre cada reunión, además de estar preparados para la próxima reunión leyendo el material provisto antes de la reunión?

15. ¿Cuáles son las expectativas de los miembros de la junta respecto a la recaudación de fondos? [*Consulte el Capítulo 2 para obtener información sobre este tema*].

16. ¿Con qué puestos de funcionarios corporativos cuenta la organización y cuáles son sus obligaciones y responsabilidades?

17. ¿Ofrece la ley estatal inmunidad a los miembros de la junta? Si la respuesta es sí, ¿cuáles son las condiciones para poder tenerla? (Esta pregunta puede requerir información del consejo legal de la organización). *[Consulte el Capítulo 7 para obtener información sobre este tema]*.

18. Contienen los estatutos disposiciones para la indemnización de responsabilidad de los miembros y funcionarios de la junta en el cumplimiento de sus funciones? *[Consulte el Capítulo 7 para obtener información sobre este tema]*.

19. ¿Cuál es el límite de cobertura para el seguro de responsabilidad de directores y funcionarios de la organización? *[Consulte el Capítulo 7 para obtener información sobre este tema]*.

   a. ¿Se considera adecuado ese nivel de cobertura?

   b. ¿Se considera la empresa de seguros sólida a nivel financiero?

20. ¿Cuál es el riesgo principal con el que se enfrenta la organización en la realización de sus programas y actividades? [*Consulte el Capítulo 4 para obtener información sobre este tema*].

    a. ¿Son esos riesgos mitigados de forma adecuada?

    b. Si la organización trabaja con niños, ¿cuenta con políticas y procedimientos sólidos para reducir el riesgo de abuso sexual infantil o abusos similares en sus programas y actividades?

21. ¿Considera la gerencia que el nivel de cobertura de seguro con la que cuenta la organización es adecuada para todas las áreas de riesgo relevantes? [*Consulte el Capítulo 4 para obtener información sobre este tema*].

22. ¿Tiene la organización buena reputación en su comunidad, entre sus miembros y en los medios?

23. ¿Es buena la comunicación entre el director ejecutivo y la junta?

24. ¿Evita la junta la microadministración y la interferencia en los asuntos operativos? [*Consulte el Capítulo 2 para obtener información sobre este tema*].

25. ¿Se encuentra la organización en una situación financiera estable y tiene la capacidad financiera para realizar los programas y las actividades que planea? [*Consulte el Capítulo 5 para obtener información sobre este tema*].

26. ¿Cuál es el proceso de la organización para desarrollar y aprobar los presupuestos? [*Consulte el Capítulo 5 para obtener información sobre este tema*].

27. Según el saber y entender de la gerencia de la organización, ¿cumple la organización con las leyes y normas aplicables?

28. ¿Aborda la organización las debilidades, los riesgos, las cuestiones de cumplimiento o las oportunidades

informadas por sus auditores independientes (si corresponde)? [*Consulte el Capítulo 5 para obtener información sobre este tema*].

29. ¿Cuenta la junta con una política actual de conflictos de intereses que rija las transacciones entre la organización y los miembros de su junta, funcionarios y la gerencia, y ha recibido la junta asesoría impositiva de un asesor respecto a si esta política cumple con la ley impositiva federal actual? [*Consulte los Capítulos 1 y 5 para obtener información sobre este tema*].

   a. ¿La junta supervisa atentamente el cumplimiento de la política?

30. ¿Cuenta la junta con una práctica o política clara que cubra el modo en el que se establece el paquete de compensación del director ejecutivo? [*Consulte el Capítulo 5 para obtener información sobre este tema*].

   a. Esta práctica o política, ¿implica la obtención de información de referencia respecto a la compensación de personas en puestos, tareas y organizaciones similares y se registra esa información como parte del proceso de establecimiento de la compensación?

b. ¿Está toda la junta en conocimiento de la compensación y el paquete de beneficios que se otorga al director ejecutivo? ¿Aprueba la junta la totalidad del paquete de forma anual?

c. Si los miembros de la familia del director ejecutivo son empleados por la organización, ¿se informa a la junta su compensación y beneficios, al menos una vez al año?

d. ¿Ha recibido la junta la aprobación del consejo impositivo respecto a que el proceso para fijar la compensación del director ejecutivo cumple con las pautas de la ley impositiva federal para dar la "presunción" de que la compensación es razonable?

31. ¿Cuenta la junta con un mecanismo efectivo para supervisar la normalidad de los gastos en los que incurre la gerencia por viajes, comidas, alojamiento y actividades similares? [*Consulte el Capítulo 5 para obtener información sobre este tema*].

32. ¿Tiene la organización procedimientos vigentes para garantizar que las donaciones o subsidios restringidospara uso específico se usan realmente para esos fines? [*Consulte el Capítulo 5 para obtener información sobre este tema*].

33. ¿Se asegura la junta de que una firma de asesoría legal competente revisa los documentos y políticas legislativas de la organización y asesora a la junta respecto a su propiedad? [*Consulte el Capítulo 6 para obtener información sobre este tema*].

34. ¿Tiene la organización una relación proactiva con el consejo legal, de manera que el consejo participa en la revisión o la preparación de documentos contractuales que la organización planea ejecutar? [*Consulte el Capítulo 7 para obtener información sobre este tema*].

35. ¿Tiene la junta discusiones sinceras en todas sus reuniones, incluso cuando los temas son difíciles o incómodos? [*Consulte el Capítulo 9 para obtener información sobre este tema*].

36. ¿Observan los miembros de la junta una conducta civil y respetuosa ante las opiniones de otros durante las discusiones y los debates? [*Consulte el Capítulo 9 para obtener información sobre este tema*].

37. ¿Hay algún aspecto en las reuniones o actividades de la junta que son inusuales y requieren discusión específica?

38. ¿Hay otras cuestiones importantes relacionadas con el servicio en la junta de la organización que requieren discusión?

Acerca del autor

Michael E. (Mike) Batts ha prestado servicio, presidido y asesorado juntas sin fines de lucro por más de 25 años. Los servicios que ha prestado incluyen la presidencia de la junta de ECFA, una organización nacional acreditada sin fines de lucro para organizaciones religiosas sin fines de lucro en las áreas de gobierno de juntas e integridad financiera. Recientemente, Mike fue designado presidente de la Commission on Accountability and Policy for Religious Organizations, una comisión nacional designada por solicitud del senador estadounidense Charles Grassley para abordar cuestiones sobre las políticas y la confiabilidad de las organizaciones religiosas de Estados Unidos. Anteriormente, Mike trabajó en el Legal Framework Workgroup of the Panel, en el sector sin fines de lucro, un panel que asesora al Comité de Finanzas del Senado de Estados Unidos, designado por solicitud del senador Charles Grassley. Su primer impulso a servir a organizaciones sin fines de lucro provino de su propia fe cristiana y de la necesidad de orientación que notó entre las organizaciones sin fines de lucro en el área de gobierno y cumplimiento de las juntas.

Mike es también un contador público certificado y accionista administrador de Batts Morrison Wales & Lee, P. A., una firma contable basada en Orlando dedicada exclusivamente a prestar servicios a organizaciones sin fines de lucro y a sus asociadas en todo el territorio de Estados Unidos.

Mike da presentaciones por todo Estados Unidos y escribe sobre temas relacionados con el sector sin fines de lucro. También es activo en el sector legislativo, donde ha bosquejado y abogado con éxito para que se cambien una serie de leyes que afectan a las organizaciones sin fines de lucro.

Made in the USA
Columbia, SC
04 September 2020

17597065R00054